PPP丛书

基础设施PPP采购报告

2018

评估政府准备、采购和管理PPP的能力

世界银行集团 编著

财政部政府和社会资本合作中心
中央财经大学PPP治理研究院 译

中国财经出版传媒集团
经济科学出版社

图书在版编目（CIP）数据

基础设施PPP采购报告.2018：评估政府准备、采购和管理PPP的能力/世界银行集团编著；财政部政府和社会资本合作中心，中央财经大学PPP治理研究院译.—北京：经济科学出版社，2019.4

（PPP丛书）

书名原文：Procuring Infrastructure Public-Private Partnerships Report 2018

ISBN 978-7-5218-0388-4

Ⅰ.①基… Ⅱ.①世…②财…③中… Ⅲ.①政府投资-合作-社会资本-应用-基础设施-采购管理-研究报告-美国 Ⅳ.①F830.59②F259.712.3

中国版本图书馆CIP数据核字（2019）第051744号

责任编辑：凌　敏
责任校对：郑淑艳
责任印制：李　鹏

基础设施PPP采购报告2018

世界银行集团　编著

财政部政府和社会资本合作中心
中央财经大学PPP治理研究院　译

经济科学出版社出版、发行　新华书店经销
社址：北京市海淀区阜成路甲28号　邮编：100142
教材分社电话：010-88191343　发行部电话：010-88191522
网址：www.esp.com.cn
电子邮件：lingmin@esp.com.cn
天猫网店：经济科学出版社旗舰店
网址：http://jjkxcbs.tmall.com
北京密兴印刷有限公司印装
787×1092　16开　7.25印张　140000字
2019年5月第1版　2019年5月第1次印刷
ISBN 978-7-5218-0388-4　定价：48.00元
（图书出现印装问题，本社负责调换。电话：010-88191510）
（版权所有　侵权必究　打击盗版　举报热线：010-88191661
QQ：2242791300　营销中心电话：010-88191537
电子邮箱：dbts@esp.com.cn）

中文版前言

2018年4月,世界银行发布了《基础设施PPP采购报告2018》。报告分析了全球PPP政策法规和实践的发展趋势,对全球135个经济体的PPP政策法规和实践进行了分类评比,就如何完善监管、建立良好的制度体系、提高项目质量提出了政策建议。报告从PPP项目准备、项目采购、合同管理和社会资本发起方式四方面进行打分,中国得分处于全球中上水平。

为进一步借鉴国际经验,完善中国PPP政策框架,引导地方政府和社会资本规范采购和实施PPP项目,财政部PPP中心和中央财经大学PPP治理研究院共同组织翻译了这份报告,希望对PPP从业者、PPP领域专家以及关注中国PPP市场发展的社会公众有所启迪。

由于时间和水平所限,翻译工作定有疏漏不足之处,敬请谅解并不吝赐教。

财政部政府和社会资本合作中心
2019年1月

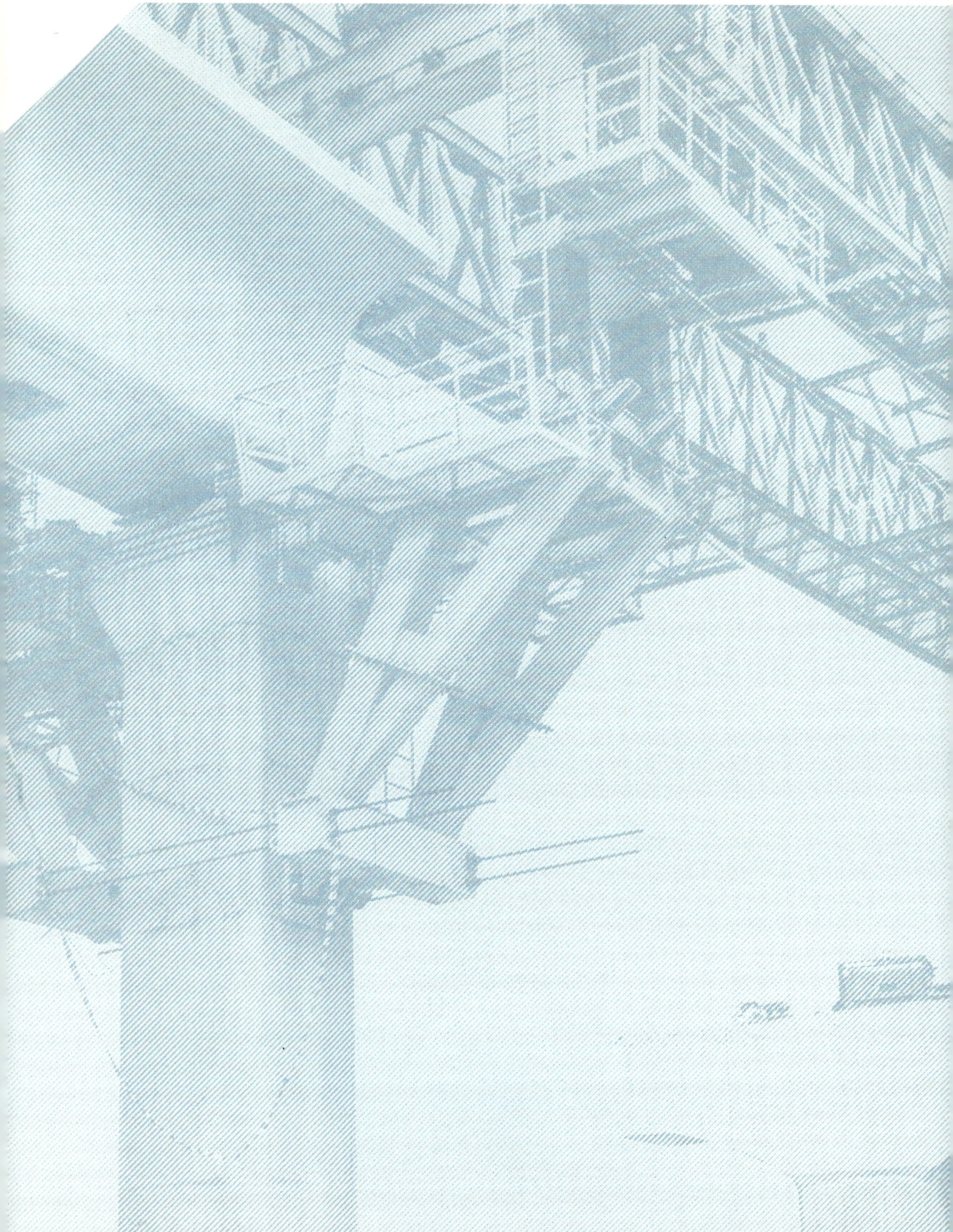

目　录

前言	1
致谢	2
术语汇编	7
缩略语	9
摘要	11
《基础设施PPP采购报告2018》简介	15
《基础设施PPP采购报告2018》的评估内容	17
数据收集方法	20
评估的范围和局限性	22
PPP的监管框架和机构安排	26
PPP监管框架	27
PPP机构安排	31
《基础设施PPP采购报告2018》所涵盖并评分的专题领域	35
PPP项目准备	36
PPP项目的评估	39
PPP的财务处理	44
PPP项目采购	48
PPP采购当局和投标者之间的互动	51
披露PPP采购过程的结果	53
PPP合同管理	60
PPP合同的再谈判或者变更	63
PPP合同的终止	67
社会资本发起的项目	70
社会资本发起项目的监管框架	73
竞标和最短截止期	75
结论与未来行动	78
经济数据表	81
135个经济体得分情况（以中国为例）	84
135个经济体得分情况汇总	87

附录1　评分方法	93
附录2　《基础设施PPP采购报告2018》中引入的改变	100
附录3　《基础设施PPP采购报告2018》中的透明度评分	101
参考文献和书目	103
参考文献	104
参考书目	105
后记	107

前　言

　　世界各国政府已开始用PPP模式设计、融资、建设和运营基础设施项目。虽然PPP模式仅占基础设施采购的一小部分，但仍是吸引私营部门投资基础设施项目的一个重要渠道。然而，政府部门在PPP项目准备、采购和管理方面的能力不足，是吸引私营部门投资的主要障碍。

　　2018年度的报告建立在《2017 PPP采购标杆管理》的成功基础之上，地理覆盖范围从82个经济体增至135个。我们与许多利益相关者一道改善了评估方法，更精确地描述世界范围内的PPP环境。

　　我们希望这份报告可以为政策讨论和决策提供参考，帮助政府、私人部门以及国际发展共同体更好地了解当前PPP的监管情况；同时也希望本报告中指出的有待改进的关键领域可以对未来各部门的改革有所启发。

　　本报告由非洲法律支持基金、澳大利亚外交事务和贸易部、全球基础设施中心（GI Hub）以及PPP基础设施咨询基金共同提供资金支持，全球基础设施中心还在报告准备过程中提供了技术支持。

基础设施、PPP和担保局高级局长

劳伦斯·W.卡特

致 谢

《基础设施PPP采购报告2018》由世界银行基础设施、PPP和担保局与全球指标局共同完成。在Clive Harris、AbhaJoshi-Ghani以及Federica Saliola的指导下，由Tania Ghossein和Fernanda Ruiz Nuñez共同领导的团队负责撰写本报告。核心团队成员包括Mikel Tejada Ibañez（课题领导人）、Nasser Alreshaid、Adam Jankowski、Khasankhon Khamudkhanov、Helene Candice Larroque、Svitlana Orekhova和Zeina Traboulsi。我们要感谢Laurence Carter和Jordan Z. Schwartz的积极参与和支持。我们还要向以下正式的同行评审专家特别致谢：Jenny Chao，Enzo de Laurentiis，Jeff Delmon，David Duarte，Felipe Goya，Rui Monteiro，Giulia Motolese，Philippe Neves以及Anand Kumar Srivastava。

本报告由非洲法律支持基金（ALSF）、澳大利亚外交事务和贸易部（DFAT）、全球基础设施中心（GI Hub）以及PPP基础设施咨询基金（PPIAF）共同提供资金支持。由Jack

Handford领导的全球基础设施中心团队在报告准备期间提供了技术支持。如果希望了解更多关于全球基础设施中心的信息，请访问www.gihub.org。

我们的团队非常感激以下人士在项目各个阶段，尤其是评估工具的开发阶段提供的无偿反馈和指导：Daniel Alberto Benitez，Francois Olivier Bergere，Jenny Jing Chao，Jeffrey John Delmon，David Duarte，Felipe Goya，Junglim Hahm，Jay-Hyung Kim，Enzo de Laurentiis，Cledan Mandri-Perrott，Rui Monteiro，Giulia Motolese，Philippe Neves，Daniel Pulido，Victoria Hilda Rigby Delmon，Anand Kumar Srivastava和Satheesh Kumar Sundararajan（世界银行）；Javier Calvo，Carla M. N. Faustino Coelho，Emmanuel B. Nyirinkindi和Michael Opagi（国际金融公司，IFC）；Isabel Rial（国际货币基金组织，IMF）；Maude Vallee（非洲法律支持基金）；Andrew J. Kline以及Sonja Walti（美利坚大学公共管理学院）；Trevor Lewis（亚洲开发银行）；曹富国（中央财经大学）；Joel Moser（哥伦比亚大学国际与公共事务学院，SIPA）；Vishwas Udgirkar（德勤印度私人有限公司）；Bill Banks（安永会计师事务所）；Claudine Lim，Jean-Patrick Marquet以及Jordan Tank（欧洲复兴开发银行，EBRD）；Chris Blades（欧洲投资银行，EIB）；Ed Farquharson（欧洲PPP能力中心，EPEC）；Marc Frilet（弗里莱有限公司，联合国欧洲经济委员会，UNECE）；John Forrer（乔治·华盛顿大学商学院以及特拉奇滕伯格公共政策与公共管理学院）；Deborah DeMasi（乔治·华盛顿大学法学院）；Christopher Carrigan（乔治·华盛顿大学特拉奇滕伯格公共政策与公共管理学院）；Jonathan Halpern（乔治城大学）；Jack Handford（全球基础设施中心）；Raghav Koshik以及Henry Lee（哈佛大学肯尼迪学院）；Pradeep Singh（印度商学院）；Alex Katon（Infra Co非洲公司）；Allard Nooy，Prabaljit Sarkar，Jeremy Saw以及Shalabh Singhania（Infra Co亚洲开发公司）；James Ballingall（英国基础设施局）；David Bloomgarden，Rocio Medina，Gerardo Reyes-Tagle以及Marcos Siqueira（美洲开发银行）；David Baxter（政府和社会资本合作研究所，IP3）；Walid Abdelwahab和Fida Rana（伊斯兰开发银行）；Michael Klein（约翰·霍普金斯大学高级国际研究学院）；Andrés Rebollo（K-Infrastructure）；James Stewart（毕马威）；David van Slyke（麦克斯韦尔公共管理学院）；Anthony Coumidis（麦克贝恩库珀咨询公司）；

Stephen Gaull（千年挑战公司）；Ian Hawkesworth（经济合作与发展组织，OECD）；Richard Abadie 和 Kylee J. Anastasi（普华永道）；Agnes Dasewicz（美国国际开发署，USAID）；Caroline Nicholas 以及 Joao Ribeiro（联合国国际贸易法委员会，UNCITRAL）；Geoffery Hamilton（联合国欧洲经济委员会，UNECE）；Lawrence Martin（中佛罗里达大学）；Jacques Gansler（马里兰大学公共事务学院）；Stephane Saussier（巴黎-索邦大学）；José Luis Guasch（世界银行和加州大学圣迭戈分校）以及 Nicolas J. Firzli（世界养老金理事会）。

许多其他同事提供了宝贵指导，我们对此十分感谢。他们是：Anabela Abreu, Gabi G. Afram, Kiran Afzal, Khalid Sulaiman A. Alkhudairy, Jamal Al-Kibbi, Beatrix Allah-Mensah, Saltanat Alymkulova, Bolormaa Amgaabaza, Preeti Arora, Samra Bajramovic, Trichur K. Balakrishnan, Andre A. Bald, Julia Barrera, Paolo Belli, Jyoti Bisbey, David BotBa Njock, Mazen Bouri, Thomas Buckley, Odeta Bulo, Erik Caldwell Johnson, Helene Carlsson Rex, Jasmin Chakeri, Antonio L. Chamuco, Cordelia Chesnutt, Brett E. Coleman, Luis Constantino, Elena Corman, Vickram Cuttaree, Laurent Debroux, Joelle Dehasse, Sebastien C. Dessus, Jaime R. Díaz Palacios, Ousmane Dione, Dung Do, Catherine Doody, Arnaud Dornel, Sebastian Eckardt, Fatou Fadika, Eneida Fernandes, Lincoln Flor, Xavier Furtado, Carolin Geginat, Coralie Gevers, Mark Giblett, Andrew Goodland, Mirlinda Gorcaj Llalloshi, Pierre

Graftieaux、Errol Graham、Alina Gres、Faris H. Hadad-Zervos、Lira Hariravaka Rajenarison、Mohamadou Hayatou、Wedex Ilunga、Aknur Jumatova、Isfandyar Zaman Khan、Qaiser M. Khan、Dongjin Kim、Maria Deborah Kim、Alexander Kremer、Sashikala Krishani Jeyaraj、Takafumi Kadono、Laura Kullenberg、Sergiy V. Kulyk、Eric R. Lancelot、Bernado Langa、Adja Mansora Dahourou、James Robert Markland、Benjamin McDonald、Carole Megevand、Kouami Hounsinou Messan、Sarah G. Michael、Nadir Mohammed、Jacques Morisset、Peter Mousley、Joyce Msuya、Marta Mueller Guicciardini、Emanuel Salinas Munoz、Martin Naegele、Serah Njere Njoroge、Cristina Isabel Panasco Santos、Cveta Peruseska-Joncevska、Christian Peter、Doina Petrescu、Tu-Oanh Phan、Tatyana Ponomareva、Paul Procee、Idah Z. Pswarayi-Riddihough、Madhu Raghunath、Hadija Rahama Diba Kamayo、Kailash S. Ramnauth、Binyam Reja、Hugh Riddell、Alberto Rodriguez、Pedro Rodriguez、Michel Rogy、Rodrigo Rojo、Abdulmuhsen Saad Alkhalaf、Mehnaz S. Safavian、Hoon Sahib Soh、Yannick Saleman、Mahaman Sani、Shyamala Shukla、Lia Sieghart、Alex Sienaert、Katrina M. Sharkey、Chitambala John Sikazwe、Tamara Sulukhia、Hua Tan、Elvis Teodoro、Thato Thipe、Dr. Maria Vagliasindi、Paul Vallely、Rainer Stefan Venghaus、Thomas A. Vis、Mara K. Warwick、Puteri Natalie Watson、Bernardo Weaver Barros、Gregor Wolf Namoos Zaheer以及Johannes Zutt。

乔治城大学法律中心和麦考特公共政策学院、乔治·华盛顿大学法学院、美利坚大学法学院组织学生实习，参与本项目研究，我们团队对此表示感谢。我们也感谢所有在团队成员的监督下协助项目的数据收集和研究过程的学生的宝贵帮助和支持：Rodrigo Ajenejo，Duygu Baci，Salomee Bohbot，Ify Bozimo，Vanessa Cervello Ferrando，Rayan Charara，Paloma Cipolla Moguilevsky，Ivana Dahl，Sania Durvesh，Anuraag Gupta，Cristina Gutierrez，Kay Hechaime，Kevin Jung，Libba King，Man Yik Lau，Yucheng Liu，Yasmin Mansour，Natacha Massih，Thomas Montenegro，Elizabeth Anna Resch，Christian Ruberwa，Ashwini Sahu，Saurya Siryal，Jie Song，Patricia Vallejos，Susan Yin，Verena Walther，Jiachen Wang，Anran Yu以及Leticia Zecc。

本报告的网页由Hashim Zia和Geoffrey Alan Shott管理，在线数据库由Varun V. Doiphode和Fengsheng Huang管理。

Cara Santos Pianesi负责本报告的媒体宣传策略，其小组成员包括Yelena（Lena）Osipova和Jixuan（Lylia）Li。

本报告由Nancy Morrison编辑，由Base Three有限责任公司Dania Kibbi和Marianne Siblini领导的团队负责美工设计。

如果没有受调查的135个经济体中1 000余名当地法律专家、企业、运营商、学者、政府官员以及其他日常从事PPP采购管理和咨询工作的专家的慷慨贡献，《基础设施PPP采购报告2018》就不可能完成。登录http://bpp.worldbank.org查询希望单独对其表达致谢的这些人士的名单。

术语汇编

财务模型

一种通过展示预期财务表现，从而能让用户评估项目财务稳健性的分析工具，注意不要与财务建议相混淆。

市场测试和/或评估

一种评估融资方和承包商潜在兴趣程度的方法，一定程度上反映潜在的市场感兴趣程度，并为采购项目的政府部门提供机会，在必要时调整项目范围，以确保社会资本的参与，改善市场竞争。

重大不利政府行为

采购部门或其他相关政府部门在PPP合同期间内的作为或不作为，对社会资本合作方根据PPP合同履行主要义务的能力产生重大负面影响，和/或对履行义务的成本或利润产生重大负面影响。

政府和社会资本合作（PPP）

公共部门与私人部门之间为提供公共资产或公共服务的合同安排，其中私人部门承担主要风险和管理责任。为本调查之目的，不论在特定国家或管辖区内实际使用何种术语，此定义均适用。

采购部门

按照国家或地方采购监管框架进行政府采购的公共主体。

PPP专责机构

负责推广开发PPP项目的专门的政府机构或团队。

监管框架

包括所有法律、法规、政策、有约束力的指南或指示、PPP标准合同、其他普遍使用的法律文本、规制和设置与PPP有关的司法判决和行政裁决先例。在这一情境中，"政策"一词指的是由政府发布的、对所有利益相关者都有约束力的文件，以法律和法规相类似的方式执行，并在实践中为政府和社会资本合作项目提供详细说明。"监管框架"包括但不限于法律、法规、政策，以及其他的PPP项目处理办法（PPP采购可能受一般采购框架的规制）。

项目公司

为进行一个特定的PPP项目而专门成立的公司，也被称为特殊目的载体（SPV）、特殊目的公司（SPC）或者特殊目的实体（SPE）。

社会资本发起的项目（USP）

由社会资本提出实施PPP项目的提案，由社会资本倡议提交，而不是响应政府的要求。

缩略语

EAP	East Asia and Pacific（region）	东亚和太平洋（地区）
ECA	Europe and Central Asia（region）	欧洲和中亚（地区）
LAC	Latin America and the Caribbean（region）	拉美和加勒比（地区）
MENA	Middle East and North Africa（region）	中东和北非（地区）
OECD	Organisation for Economic Co-operation and Development	经济合作与发展组织
PPIAF	Public-Private Infrastructure Advisory Facility	PPP基础设施咨询基金
PPP	public-private partnership	政府和社会资本合作
RFP	request for proposals	建议邀请书
SDGs	Sustainable Development Goals	可持续发展目标
SPV	special purpose vehicle	特殊目的载体
SAR	South Asia（region）	南亚（地区）
SSA	Sub-Saharan Africa（region）	撒哈拉以南非洲（地区）
USP	unsolicited proposals	社会资本发起项目

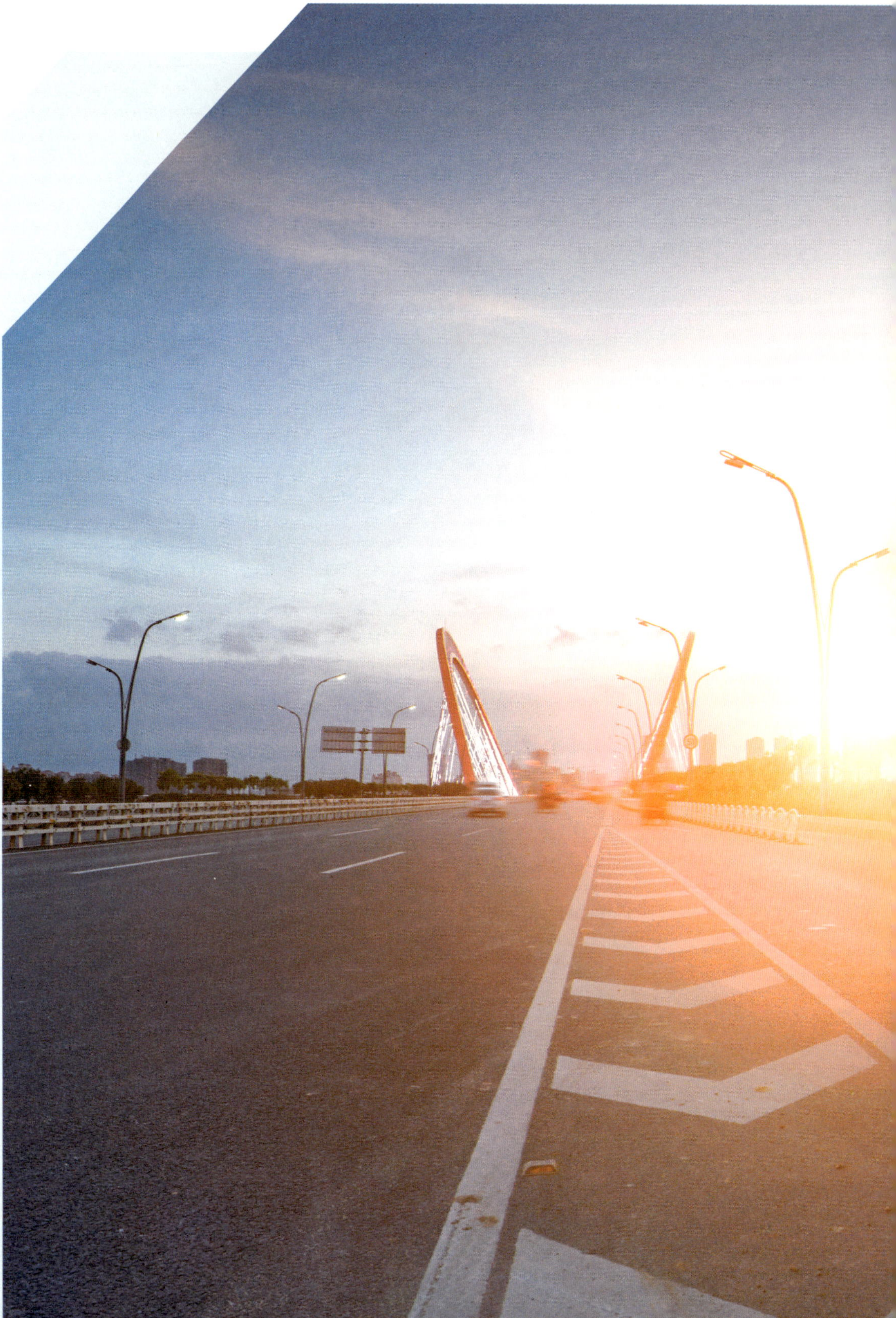

摘 要

世界各国政府已转向政府与社会资本合作（PPP）的方式来为进行基础设施项目的设计、融资、建设和运营。政府准备、采购和管理这些项目的能力对于确保实现预期的效率收益是非常重要的。

《基础设施PPP采购报告2018》评估了135个经济体的PPP监管框架以及被广泛认可的PPP良好实践，目的是帮助各国改善PPP项目的治理和质量。同时帮助私人部门获取高质量信息。《基础设施PPP采购报告2018》建立在上一版《2017 PPP采购标杆管理》成功的基础之上，根据世界各地专家的指导改进方法，调整范围，并扩大其地理覆盖区域。

本报告根据PPP项目周期的三个主要阶段进行编排：准备、采购和合同管理。它还考察了第四个领域：社会资本发起项目（USP）的管理。本报告以公路运输项目为主导案例，确保交叉可比性。本报告分析了各国监管框架，以横截面的方式展示了2017年6月初各国监管和采购PPP的情况。

数据显示的几大趋势。

群组的收入水平越高，在被评估的主题领域的表现就越好。整体来看，项目准备和合同管理是所有收入水平群组均有改进空间的领域（见图1）。

不同地区的表现差异很大。经济合作与发展组织（经合组织）高收入经济体与拉美和加勒比地区的高收入经济体在所有主题领域的表现都达到或高于平均水平。相比之下，撒哈拉以南非洲地区与东亚和太平洋地区的平均得分在各个主题领域的表现均为最低。

与普遍看法相反，在大陆法系国家中，独立的PPP法并不显著多于英美法系国家。在接受调查的国家中，有72%大陆法系国家有独立的PPP法律，而同时69%的英美法系国家也有。

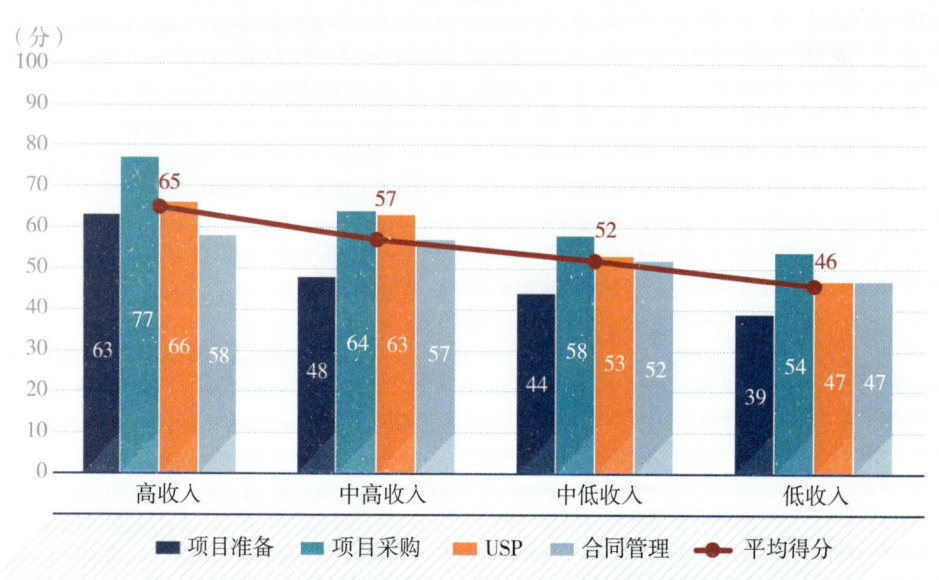

图1 《基础设施PPP采购报告2018》不同收入群组得分（1~100分）

注：USP（Unsolicited Proposals）社会资本发起项目。
资料来源：《基础设施PPP采购报告2018》。

不同地区有一些引人注意的监管趋势。大多数经合组织的高收入国家将政府和社会资本合作作为其一般采购法的一部分。欧洲和中亚以及拉美和加勒比地区采用独立的PPP法的国家比例最高。与此同时，拉美和加勒比地区进行了两次监管方面的改革：首先是在20世纪80年代和90年代大规模采用特许经营法，最近则是通过一系列的PPP改革。

建立PPP专责机构是支持PPP发展的共同趋势。多达81%的被评估经济体有一个专门的PPP中心，在大多数经济体中，PPP中心专注于促进和帮助PPP项目顺利进行。然而在4%的经济体中，PPP中心在PPP项目的开发中扮演着重要角色，尤其是主要（或唯一）采购机构的角色。

尽管适当考虑PPP项目的财政影响非常重要，但这仍然不是普遍做法。在PPP项目准备的过程中，被调查的经济体中有19%不需要财政部的批准以确保财政可持续性。此外，只有约1/3的经济体制定了有关PPP项目的会计和/或财务报告的规章制度，引入关于PPP预算处理的监管规定的经济体则更少。

对项目进行合理性评估对于将高质量项目推向市场至关重要。但只有不到1/3的经济体出台了具体方法来确保项目评估间的一致性。将评估结果在网上公开的经济体则更少。另外，私营部门经常报告说，缺乏高质量的项目储备限制了基础设施投资。

大多数经济体在采购阶段与公认的良好实践较为接近，但仍有改进的空间。投标人与采购部门之间的透明互动有助于投标人更好地理解和满足采购部门的需要。尽管大多数经济体允许投标人在投标过程中提交须澄清问题，但14%的经济体未要求将答案透露给其他竞标者。只有大约一半（55%）的经济体举行标前会议，而其中大多数经济体都要求公开会议中的信息。一旦选择了中标方，公开结果和评审标准是一种很好的做法。尽管本调查中的所有经合组织高收入经济体都要求披露这类信息，但包括南亚在内的一些地区在这方面仍做得不够。

全球范围内，PPP合同管理仍然需要改进。考虑到PPP的长期性质，可能存在再谈判的情况，对项目再谈判要有所限制，以防止参与者的投机行为。15%的经济体在其监管框架下没有提及PPP合同的重新谈判。31%的经济体将再谈判作为合同问题，但没有采用标准化合同来保持一致性。当合同必须在约定的期限前终止时，应明确提前终止合同的理由及其后果，以减少合同风险。然而，35%的经济体没有对这两点进行监管。

需对社会资本发起的项目（USP）进行合理尽管，以防止不透明的行为。相当数量的经济体明确允许（57%）或禁止（3%）此类项目。然而，10%的被评估经济体未对社会资本发起的项目进行监管，但社会资本发起的项目仍然在实践中存在。这一比例在东亚地区最高（20%）。对社会资本发起项目的处理缺乏清晰度和透明度，可能会导致项目的物有所值很低。此外，当社会资本发起的项目进入正常的竞争性采购程序时，在48%的经济体中，招标文件开始发出之日至投标人提交投标文件截止日之间的最短期限少于政府发起的PPP项目。在另外34%的经济体中，没有对这之间的最短期限作出规定。

大多数经济体在采购阶段向公众披露信息方面遵循国际良好实践，但在准备阶段和合同管理阶段的信息披露并不理想。在被评估的经济体中，通常的做法是在网上发布和提供PPP政府采购通知和合同授予通知。然而，只有48%的经济体在采购阶段公布了PPP合同，公布对合同进行修订的则更少（30%）。

项目评估和招标文件的在线发布使项目质量有了更高的可预测性。然而，许多经济体仍然不采纳这种做法。在接受调查的经济体中，只有22%在网上公布对PPP项目的前期评估，60%公布PPP招标文件。此外，只有1/3的经济体制定了PPP标准化合同。

向公众披露绩效信息可以提高所有利益相关者的问责能力，这对于提高透明度至关重要。然而，很少有经济体公开这些信息。信息透明可以确保项目提供符合期望的产出和合格的服务。然而，在接受调查的经济体中，只有一小部分（13%）允许公众访问信息系统，跟踪PPP合同下的建设进度和绩效完成情况。只有10%的经济体为此目的建立了在线信息平台。同样，只有少数采购部门（14%）允许公众通过指定的在线平台或在线发布的更新文档来跟踪合同履行情况。

《基础设施PPP采购报告2018》简介

强大可靠的基础设施是促进经济增长的重要驱动因素,能够提高人民的生活水平。[1]公共基础设施,如公路、铁路、桥梁、隧道、供水系统、下水道和电网,是社会运转的必备要素。基础设施具有连通性,其所创建的联络网可以促进商业发展,消除就业、市场信息和基础服务方面的障碍。然而,世界各个地区的基础设施建设长期存在缺口。为了弥补这一缺口,同时也为了解决预算约束问题,世界各国政府已经转向政府和社会资本合作(PPP)来进行基础设施项目的设计、融资、建设以及运营。[2]虽然还没有标准的、国际认可的PPP定义,但这个词一般指"在公共实体或部门与私人实体之间的合同安排,其目的在于提供公共资产或公共服务,其中私人部门承担主要风险和管理责任"。[3]虽然PPP本身并不是绝对优于采购基础设施的传统方法,但是它具有一系列特性,可能使它更适合某些项目。这些特性包括:在PPP项目中,合作伙伴之间通常是长期合作关系;PPP是以提供公共服务为导向的;将项目几个阶段捆绑在一起,能够更有效地控制成本和实施期限,从而使政府专注于其核心管理职能。[4]从增加索马里的安全饮用水供应到改善内陆国家乌干达

---

[1] Trebilcock 和 Rosenstock 2015,第335页。

[2] Leviakangas,Ojala 和 Toyli 2016,第10页。

[3] 世界银行,http://ppp.worldbank.org/public-private-partnership/overview/what-are-public-privatepartnerships。

[4] Cruz 和 Marques 2013。

的道路状况，PPP用数不胜数的方式为人们的生活带来实实在在的好处。

正如《联合国可持续发展目标》（SDGs）所强调的那样，进行高质量基础设施投资对于实现可持续发展、为世界各国赋能至关重要。[1]此外，在可持续发展目标的引导下，发展议程使人们从更广阔的角度思考PPP在增加高质量基础设施投资中所发挥的作用。《联合国可持续发展目标》之一，是"在合作关系的经验和资源配置战略的基础上，鼓励和促进公共部门、公私部门和公民社会的有效伙伴关系"。[2]因此，随着世界各经济体的领导人认识到"实现公正透明的PPP立法对于发展市场经济至关重要"，各国实施了针对PPP监管框架的改革。[3]此外，学术界和多边机构均有详细的记录表明，创建明确的法律框架和坚实的制度基础是PPP项目的"关键成功因素"。[4]目前，低效腐败的采购不仅阻碍了基础设施项目的完成，而且降低了基础设施的质量。不仅如此，采购过程的设计本身也会影响政府充分利用PPP的潜在优势提供基础设施的能力。这包括识别哪些项目最适合政府和社会资本合作实施，并以透明有效的方式进行合同管理的能力。

《PPP采购标杆管理》始于2015年，其初期目标是通过强调各经济体PPP采购监管框架的关键方面，支持更好的政策制定过程。世界银行集团曾发布《营商环境报告》，评估了190个经济体的商业环境，涵盖了迄今为止3 000余项改革。《PPP采购标杆管理》正是受到了该报告的方法论启发。《基础设施PPP采购报告2018》是《2017 PPP采购标杆管理》的延续，并将所涵盖的经济体数量从82个扩大到135个。本报告在2017版基础上进行了扩展，按全球公认的良好实践精心评估135个经济体的法律法规，提供数据帮助政府评估其PPP采购系统的绩效，为社会资本方和公民社会提供独特的信息工具，促进这一新兴领域的学术研究。更为重要的是，本报告旨在帮助政府和其他主体确定改革领域，以实现更加透明、更具竞争力、更有效率的PPP采购系统，并在适当的情况下增加社会资本方对提供基础设施和服务的参与度。

---

1 《联合国可持续发展目标》，http://www.un.org/sustainabledevelopment/ infrastructure−industrialization/。

2 https://sustainabledevelopment.un.org/sdg17。

3 Zverev，第1页。

4 Mouraviev 和 Kakabadse 2015，第182页；Moszoro 等 2014。

《基础设施PPP采购报告2018》的评估内容

自2015年发布报告以来,《基础设施PPP采购报告》团队以世界各地PPP实践的前沿研究为依托,并对各经济体的PPP专家进行频繁咨询。研究之始,团队进行了一次广泛的文献综述,对国际公认的良好实践做了扎实的记录,并了解了政府和私人公司在参加PPP项目时面临的挑战(参见参考书目)。团队还咨询了本项目的专家咨询组(ECG),其组成人员包括经验丰富的PPP专家、学者和来自社会资本方的人士。本团队在咨询之外,辅之以大量文献,对2018年的调查表做了精简提炼,最终厘定了一套问题方案,能全面评价全球PPP良好实践,并具有强大的跨经济体分析功能。

专题范围

《基础设施PPP采购报告2018》共分析了135个经济体中与PPP采购有关的问题。调查表包括55个主要问题,按四个专题领域分类,即项目准备、项目采购、合同管理,此外还有社会资本发起的项目(USP)这一特殊模块。问题的设计和挑选都考虑了学术文献的最新进展,并在专家咨询组的指导下进行。

本报告反映了调查表的内容,由五个部分组成:

- PPP监管和制度框架：本部分对报告做了介绍，希望确定各个经济体的法规可以在多大程度上能满足PPP的要求。本部分介绍了世界各地监管PPP的各种方法，力图把握PPP制度框架的一般组成要素，例如采购部门有哪些，或某个特定的PPP单位或其他有类似职能的政府机构是否同时也作为采购部门。

- PPP项目准备：本部分涉及为是否发起PPP采购过程的决策提供参考信息的各个阶段以及各种活动。这部分的调查探讨了潜在PPP项目的识别是否与更广泛的公共投资背景紧密相连，是否与其他政府优先事项保持一致。本部分还研究了不同类型的评估，以及用于制定这些评估规则的方法。此外，本部分还考察了公布招标公告之前开展的其他活动，合同草案和招标文件的准备、土地和许可证的获得等。这些准备工作之后，方可进行PPP项目的采购。

- PPP项目采购：本部分重点介绍选择社会资本方进行合作、由其承担责任推进PPP项目发展的过程。虽然本部分涉及多个主题，但它侧重于研究在选择社会资本方进行合作时，全球不同的法律和监管框架是否遵循了公认的良好实践。本部分涵盖的主要议题包括过程的公平性、中立性和透明度，以及与缺乏竞争的情况有关的具体要求。

- PPP合同管理：此部分评估了促进PPP项目实施的相应合同管理框架，以及现有的监测和考评体系。此外，它还研究了有关PPP合同修改和重新谈判、争议解决、债权人介入权以及终止合同的相关监管规定。

- 社会资本发起（USP）的PPP项目：本部分首先阐明了法律和监管框架是否明确允许或禁止社会资本发起PPP项目以及这些项目是否会被付诸实施。本部分还探究了是否有专门的程序来评估社会资本发起方式（USP）的可行性及其与其他政府优先事项的一致性。此外，本部分还研究了现有的对社会资本发起项目的具体补偿机制，以及在选择社会资本方进行合作时，是否要有一个竞争过程。

地理范围

《基础设施PPP采购报告2018》共涵盖了135个经济体。除了《2017 PPP采购标杆管理》评估的82个国家外，2018年的版本还囊括了过去五年内至少拥有一个PPP项目的所有新兴市场和发展中经济体。此外，本报告还包含了18个经合组织（OECD）高收入经济体，以便在世界范围内更具有代表性。这135个经济体覆盖了七个世界银行集团的分区：15个位于东亚和太平洋（EAP），21个位于欧洲和中亚（ECA），18个位于拉美和加勒比（LAC），12个位于中东和北非（MENA），6个位于南亚（SAR），34个位于撒哈拉以南的非洲（SSA），还有29个是经合组织高收入经济体（见表1）。

表1 《基础设施PPP采购报告2018》涵盖的经济体

东亚和太平洋 15个经济体	柬埔寨、中国、印度尼西亚、老挝人民民主共和国、马来西亚、蒙古国、缅甸、巴布亚新几内亚、菲律宾、新加坡、所罗门群岛、泰国、东帝汶、汤加、越南
欧洲和中亚 21个经济体	阿尔巴尼亚、亚美尼亚、阿塞拜疆、白俄罗斯、波斯尼亚和黑塞哥维那[a]、保加利亚、克罗地亚、格鲁吉亚、哈萨克斯坦、科索沃、吉尔吉斯共和国、立陶宛、前南斯拉夫马其顿共和国、摩尔多瓦、黑山、罗马尼亚、俄罗斯联邦、塞尔维亚、塔吉克斯坦、土耳其、乌克兰
拉美和加勒比 18个经济体	阿根廷、巴西、哥伦比亚、哥斯达黎加、多米尼加共和国、厄瓜多尔、萨尔瓦多、危地马拉、海地、洪都拉斯、牙买加、墨西哥、尼加拉瓜、巴拿马、巴拉圭、秘鲁、特立尼达和多巴哥、乌拉圭
中东和北非 12个经济体	阿尔及利亚、吉布提、阿拉伯埃及共和国、伊拉克、约旦、科威特、黎巴嫩、摩洛哥、卡塔尔、沙特阿拉伯、突尼斯、阿拉伯联合酋长国[b]
南亚 6个经济体	阿富汗、孟加拉国、印度、尼泊尔、巴基斯坦、斯里兰卡
撒哈拉以南的非洲 34个经济体	安哥拉、贝宁、博茨瓦纳、布基纳法索、布隆迪、喀麦隆、乍得、刚果民主共和国、刚果共和国、科特迪瓦、厄立特里亚、埃塞俄比亚、加蓬、加纳、几内亚、肯尼亚、马达加斯加、马拉维、马里、毛里求斯、莫桑比克、尼日尔、尼日利亚、卢旺达、塞内加尔、塞拉利昂、索马里、南非、苏丹、坦桑尼亚、多哥、乌干达、赞比亚、津巴布韦
经合组织高收入经济体 29个经济体	澳大利亚[c]、奥地利、比利时、加拿大、智利、捷克共和国、丹麦、爱沙尼亚、芬兰、法国、德国、希腊、匈牙利、爱尔兰、意大利、日本、大韩民国、拉脱维亚、荷兰、新西兰、波兰、葡萄牙、斯洛伐克共和国、斯洛文尼亚、西班牙、瑞典、瑞士、英国、美国[d]

注：a 萨拉热窝州；b 迪拜酋长国；c 新南威尔士州；d 弗吉尼亚州。《基础设施PPP采购报告2018》使用世界银行集团的区域和收入组别分类，见http：//data.worldbank.org/about/country-and-lending-groups。本报告中数字和表格中的区域平均值包括所有收入群体（低收入、中低收入、中高收入、高收入）的经济体。高收入的经合组织经济体被分类定位为"经合组织高收入区域"。本报告评估范围仅限于国家或联邦一级采购部门开发的基础设施项目，但是对澳大利亚、波斯尼亚和黑塞哥维那，阿拉伯联合酋长国以及美国的评估重点是亚国家单位（分别为新南威尔士州、波斯尼亚和黑塞哥维那联邦内的萨拉热窝州、迪拜酋长国以及弗吉尼亚州）。PPP=政府和社会资本合作。

数据收集方法

本调查的受访者

我们共对本报告所涵盖的135个经济体中约13 000个受访者分发了标准化问卷，以便收集报告所需数据。数据收集、分析和验证花了6个月时间，于2017年11月结束。原始数据收集完成以后，我们的团队以电话会议和书面通信的形式又进行了一轮追踪提问，解决受访者所提供数据中的矛盾或不一致之处。在最终确定原始数据之后，我们发送各国政府或世界银行集团的国家管理部（CMU），进行最终验证。

标准化问卷被分发给对PPP制度具有丰富知识的从业人员。受访者的遴选，取决于他们的经验，以及是否有时间认真填写调查问卷。本报告的主要受访者来自具有PPP交易、法律法规咨询服务经验的律师事务所，参与PPP流程和交易的公职人员、商会、咨询师以及在PPP方面知识渊博的学者。

在确定受访者库时，使用了以下信息来源：

- 国际性指南，如钱伯斯法律评级机构指南、《国际金融法律评论》（IFLR）、《法律500强》、《马丁代尔·哈布尔手册》、《HG全球律师名录》、《Who's Who Legal律师名录》、Lexadin以及各国的法律名录。这些指南使我们团队能够确定每个经济体中领先的法律服务提供者及其专长。
- 主要的国际律师事务所、会计师事务所或咨询事务所，它们通过合伙机构或外国分部拥有联系紧密的大型全球网络。
- 美国律师协会、各国律师协会、商会以及其他法律会员组织的成员。
- 负责PPP项目的政府组织，如财政部、PPP采购机构和专门的PPP中心。
- 根据大使馆网站和商会的建议，由世界银行工作人员推荐的二级来源和专业服务提供商。

律师和专业服务提供商是填写调查问卷的理想人选，因为他们可以有效利用自身为客户提供建议的丰富经验，以及他们接触的最新PPP交易信息。受访者中包含来自各经济部门的PPP专家，这有助于降低不同受访者的潜在偏差概率，确保调查数据的准确性。此外，受访者既有来自政府方的人士，也有来自社会资本方的人士，这有助于了解PPP采购过程中不同参与者的观点和看法。

数据的标准化和可比性

对于有效的跨经济体分析而言，标准化和具有可比性的数据非常关键，这也是《基础设施PPP采购报告2018》的核心原则。各个经济体中的受访者都会收到问卷中使用特定的问题库，此外，受访者也会收到一个交通部门（高速公路）的案例研究，附有标准假设条件，以确保调查数据的可比性（框格1）。使用标准案例研究便于轻松复制在各经济体之间收集到的数据，也能弥补经济体之间可能影响跨经济对比的深层结构性差距。此外，虚拟案例研究可以轻松完美地扩展到其他经济体。

框格1 案例研究假设条件

- 社会资本合作方（项目公司）是一个特殊目的载体（SPV），由受调查经济体中的若干个私营企业联合建立。
- 采购部门是受调查经济体中的国家或联邦机构[a]，正在计划采购基础设施的设计、建造、融资、运行和维护，比方说交通部门的国家或联邦级的基础设施（如高速公路），预计投资额为1.5亿美元（或等值的当地货币），资金由政府按可用性付费和/或使用者付费。
- 为此，采购部门根据PPP采购的竞争性程序，启动公开招标。

注：a 除了澳大利亚、波斯尼亚和黑塞哥维那，阿拉伯联合酋长国和美国，对这几个国家的调查重点为地方单位（分别为新南威尔士州、波斯尼亚和黑塞哥维那联邦内的萨拉热窝州、迪拜酋长国以及弗吉尼亚州）。

数据加总与评分

《基础设施PPP采购报告2018》由以下四个专题领域组成：PPP项目准备、PPP项目采购、PPP合同管理和社会资本发起的项目。在各主题层面上，我们评分和加总的唯一对象，是目前国际公认为良好实践的、各经济体的PPP实践和监管框架。我们收集的其他数据在报告中用于提供有关背景。附录1中提供的评分方法给调查中所用的所有标准赋予了相同的权重。

打分范围为0~100。获得最高分数，也就是接近100分的经济体，我们认为其PPP框架接近国际PPP良好实践。与此形成对照的是，得分趋底，也就是接近0分的经济体，有着很大的改进空间，因为它们没有接近本报告中所论述的国际PPP良好实践。虽然每个经济体在四个专题领域的得分都出现在本报告末尾的"经济数据表"部分，但每个经济数据表都应单独评估。最后，国家数据表中虽然只显示得分的数据点，但在调查实施过程中收集的所有信息都可以在项目网站上公开获取，网址为http：//bpp.worldbank.org。

需要注意的是，同2017版报告相比，本报告对调查工具做了大量修改。2017版仅仅是一次尝试，因此，在数据收集和评估期间以及报告发布后收到了一些意见。我们吸取了这些意见，澄清了有关问题的表述，并纳入了报告中忽视的领域。这些变化对得分产生了影响。我们对2017版的一些问题重新做了表述，并且在2018版中新增了其他问题。这意味着这两个版本的得分不具有可比性，并且在大多数情况下，得分的变化是因评分方法变化而引起的，与监管变化无关。附录2列出了本版中引入的新问题和重新表述过的问题。[1]

评估的范围和局限性

了解本报告中使用的数据范围对于解读报告内容非常重要，读者应该记住，数据既然有优点，也有不足。

PPP的采购可以在每个经济体内不同层级的政府中进行，并且有时沿着部门条线进行。我们承认，该过程非常复杂，但由于资源有限，我们只对采购部门为国家或联邦级的PPP项目进行研究。但是，在澳大利亚、波斯尼亚和黑塞哥维那，阿拉伯联合酋长国以及美国，研究的重点是亚国家级，分别为新南威尔士州、波斯尼亚和黑塞哥维那联邦内的萨拉热窝州、迪拜酋长国以及弗吉尼亚州。在这几个经济体中，国家在基础设施方面的权力有限，而这种限制以及特定的宪法规定使得评估PPP在国家或联邦一级的发展变得不可行，所以我们采用此种方法。这四个案例中的每一个的具体细节都可以在相应的监管框架讨论中找到，详见项目网站http：//bpp.worldbank.org。

---

1 项目网站上描述了方法变化的更多细节，见http：//bpp.worldbankdk.org。

PPP采购的监管框架也可能因部门而异，但不可能设计涵盖所有类型的PPP项目调查问卷。虽然调查问卷的大多数答案可能适用于所有部门，但问卷提交者主要参考了交通部门（高速公路）的案例研究，以确保各调查之间的可比性（框格1）。

无论特定经济体或管辖区使用什么样的术语（PPP或特许经营），《基础设施PPP采购报告2018》都遵循并使用世界银行对PPP的定义。[1]有些经济体同时适用特许经营（通常被定义为使用者付费的体系）和PPP（通常被定义为政府付费的项目）并各自有单独的制度，我们对两种制度都分别进行了评估和打分，以确保准确性。本报告研究了以下双重制度经济体：阿根廷、巴西、哥斯达黎加、法国、毛里求斯、尼日尔、塞内加尔、多哥和俄罗斯联邦。在相应监管框架的描述中进一步讨论了这些案例的具体内容，可登录项目网站http：//bpp.worldbank.org查看。

本报告的评估主要基于已有的PPP采购监管框架，调查中包含的大多数问题都反映出了那些影响PPP采购的法律法规的特征。但是，报告对PPP监管框架的构成采取了广义理解，以囊括任何相关的法律文本和其他有约束力的文件（PPP政策和PPP标准化交易文件与合同）以及与PPP采购过程有关的司法判决和行政先例。[2]这种对PPP监管框架的广义理解有助于尽可能地防止

---

[1] 关于完整的定义，参见"术语"部分。本节开始处也提到了这个定义。
[2] 完整定义参见"术语"部分。

对特定法律体系（大陆法系或英美法系）的偏见，以及对PPP监管框架的形式设置上的偏见。

为补充法律文件中提到的信息，本报告还记录了那些在受访者看来，一些经济体经常遵守公认的良好实践的情况，尽管这种遵守良好实践的行为不是基于监管的要求。因此，评估对在有监管基础和没有监管基础的情况下遵守国际公认的良好实践的经济体做了区分处理。此外，我们用一组选定的问题来调查了解每个经济体的监管框架在实践中的受尊重程度。这类问题反映了受访者的看法，这些看法基于他们对类似PPP项目的接触和经验。然而，对于大多数经济体而言，由于受访专家的数量有限，提供信息的受访者并不能构成具有代表性的样本。因此，必须在了解这一限制的情况下理解评估结果，特别是在提及受访者的看法时。

值得注意的是，本报告不会对个别PPP项目和合同做常规性评估，也不会将其视为信息来源。评估的主要依据为受访专家提供的意见。对于那些以监管文件为依据的意见，本团队还对其参考的法规进行交叉检查，并在发现矛盾之处时进一步追问受访者。

为了使报告简明扼要，本报告未涵盖与PPP采购有关的所有监管挑战，也未考虑由工作人员数量和其他相关指标所体现出来的执行机构的能力。此外，一些对企业和政策制定者来说很重要的问题，如宏观经济稳定和经济体中普遍存在的腐败现象，尽管很重要，但未在调查中体现。虽然本报告概述了不同经济体的监管框架如何解决对充分发展PPP具有重要意义的问题，但

有些相关因素并未涉及。因此，本报告不能被看作一项全面完整的评估，认为其基于PPP采购能力对各经济体做了明确分类。

此外，由于数据是在相当短的时间内编辑的，报告中提到的相关法律和监管规定只反映了特定时点的情况。因此，读者应注意法律可能已经改变。具体而言，本报告数据收集的截止日期为2017年6月1日。所以，上述日期后的监管改革和采取的相关做法没有在今年的报告中予以考虑。

最后，本报告以及数据对立法者和政府来说"具有行动参考价值"，因为各个经济体的法律法规完全在决策者的影响范围内，能够进行修订。因此，本报告强调了PPP法律框架的相关监管问题，希望各经济体的政府能够抓住机会推进改革。但是，鉴于上文提到的局限性，本报告并未试图通过各经济体的PPP采购能力对其进行"排名"。

PPP的监管框架和机构安排

这是本报告的第一部分,将概要介绍政府和社会资本合作(PPP)项目的监管和机构安排。《基础设施PPP采购报告2018》所覆盖的经济体范围甚广,有着不同的法律、监管和机构体系。虽然此类信息对于让所有利益相关方知情并指导其决策过程非常重要,但本报告的评分并非是要倡导决策者在建立PPP监管和机构框架中应采取的某种具体方法。因此,本报告对不同经济体的评分不是基于其所采用的监管制度。相反,本报告的目标恰恰是要提供具有情境相关性的信息,并从更微观的层面考察PPP的监管和机构框架。

PPP监管框架

监管PPP并无一定之规。各国政府采用过不同的方法,本报告并不先验地认为某种法律制度优于另外一种法律制度。全球各经济体的法律制度各有不同,这会影响到各国所采用的PPP监管框架。大陆法系经济体的特征是成文的法律和法规,普通法系经济体传统上较少依赖成文法律和法规。相反,在普通法系经济体中,期望用法律先例、司法判决或合同来规制PPP项目,因此这些经济体不太可能采用独立的PPP法律。虽然人们可能认为两大法系之间存在巨大差异,但令人惊讶的是,数据显示,在有独立PPP法律和法规的经济体中,其在普通法系经济体中所占比例和在大陆法系经济体中所占比例仅存在微小差异(分别占比69%和72%)(见图2)。

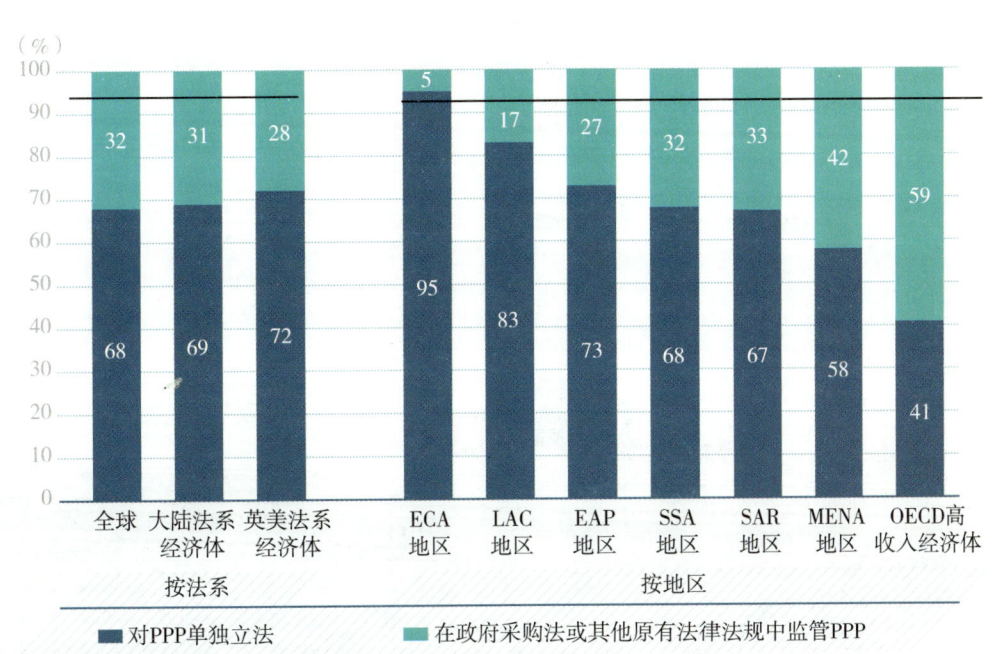

图2 全球单独PPP立法,按法系和地区统计(百分比,N=135)

	对PPP单独立法	在政府采购法或其他原有法律法规中监管PPP
全球	68	32
大陆法系经济体	69	31
英美法系经济体	72	28
ECA地区	95	5
LAC地区	83	17
EAP地区	73	27
SSA地区	68	32
SAR地区	67	33
MENA地区	58	42
OECD高收入经济体	41	59

注:ECA=欧洲和中亚,EAP=东亚和太平洋,LAC=拉美和加勒比,MENA=中东和北非,PPP=政府和社会资本合作,OECD=经济合作与发展组织,SAR=南亚,SSA=撒哈拉以南非洲。

资料来源:《基础设施PPP采购报告2018》。

在已制定单独PPP法律的68%的经济体中,有一些区域差异。东欧和中亚(ECA)以及拉美和加勒比地区(LAC)采用单独PPP法律或法规的经济体所占比例最大(分别为95%和83%),而在中东和北非地区(MENA),这一比例仅为58%。有趣的是，经济合作与发展组织（OECD）的大多数高收入成员方均未遵循这一趋势。相反，在经济合作与发展组织的高收入成员方大多将PPP作为其一般采购法律和法规的一部分进行监管。这似乎反映了受到区域因素影响的监管偏好，以及可能使用单独PPP法律弥补监管"缺口"的目的。值得注意的是，在20世纪80年代和90年代，拉丁美洲和加勒比地区曾经历过一次特许经营立法的改革浪潮。如今，该地区正在经历着第二次PPP立法的改革浪潮。另一方面，欧盟地区的经济体更多地将PPP整合为政府采购的一种或一类加以监管，而非对PPP进行单独监管。

根据本报告对PPP的定义，这个分类与具体的经济体或管辖区中用来指代PPP的法律术语没有关系。例如，智利使用的法律术语是"特许"，但在上述分类中被认为具有单独的PPP法律。然而，除此之外，还有一些经济体，有PPP和特许经营两套制度，无论其是用单独的PPP法律监管PPP还是在更广的公共采购法内监管PPP。这种情况存在于阿根廷、巴西、哥斯达黎加、法国、毛里求斯、尼日尔、俄罗斯联邦、塞内加尔和多哥（占受评估经济体的6%）。

有单独PPP法的经济体与使用政府采购法律法规监管PPP的经济体之间存在显著差异。例如，在加拿大、格鲁吉亚、印度、荷兰、新西兰和英国，PPP与政府采购受相同法律法规的监管，但这些经济体已为PPP制定了具体

的项目准备指南和标准PPP合同。博茨瓦纳、加纳和尼日利亚尚未通过单独的PPP法律，但已制定了将一般采购框架用于PPP的相关政策。

在已通过单独PPP法律的经济体中，哥伦比亚、希腊、前南斯拉夫的马其顿共和国及葡萄牙仅使用PPP法监管PPP的特定方面，而将其他事项交由一般的采购法律法规处理。德国通过了一项专门的PPP法律，引发了对现有一般采购法律法规的改革——即对一般法律法规进行修改，使其也能专门监管PPP采购。在阿塞拜疆、洪都拉斯和马里，单独的PPP法律明确排除一般采购法律法规适用于PPP。

虽然单独的PPP法律可以为发展PPP增加监管框架的明确性，但并不能保证项目的成功。同样，虽然单独的PPP法律通常会对一国的PPP项目产生积极影响，但缺乏单独的PPP法律并不意味着一个国家不会有成功的项目。例如，虽然单独PPP法律可简化监管框架，但在其他公共采购法不适用的情况下，会产生法律漏洞；如果由此引发与现有立法不一致的话，则会产生一定的不确定性。此外，每个PPP项目的具体细节应通过PPP合同加以规制。因此，只要涵盖了所有相关要素，在为发展PPP创造充分环境方面，任何一种法律都可能同样成功。尽管有些经济体基于其单独的PPP法律启动了重要的PPP项目（例如哥伦比亚和菲律宾），但在许多PPP市场较为成熟的经济体，仍依赖以专门的PPP指南为补充的一般法规（例如，澳大利亚和英国）。这就是为什么本报告不是侧重具体的法律制度，而是侧重具体国家的监管框架中特定要素与公认的国际良好实践之间的一致性。

在2016年1月1日至2017年6月1日期间，被评估的135个经济体中有64个经济体进行了影响PPP监管框架的机构改革。至本报告截止日（2017年6月1日），有76个经济体正在进行和/或计划进行改革。虽然大多数监管改革对本次评估的影响有限，但近期的重大改革印证了用单独PPP法律对PPP进行监管的趋势。例如，阿富汗、阿根廷和巴基斯坦最近都颁布了新的、单独的PPP法律。其他经济体，如马达加斯加，用更为详尽的法规补充先前通过的法律。框格2中讨论了自本报告上一版发布以来，PPP监管框架方面最重要的几项改革。

框格2　最近几项重要的PPP监管框架改革

阿富汗：中央伙伴关系局在2017年发布新PPP法律（由103号总统令批准）和《政府和社会资本合作国家政策》，专门用于监管阿富汗的PPP市场。这一新的监管框架旨在为吸引PPP投资建立有利环境，从而帮助阿富汗解决其"缺乏基础设施、执行开发项目过程过于冗长和延迟、过度依赖外援以及服务交付不足"等问题。透明度、问责、物有所值和可承受能力是新框架所倡导的几项原则。例如，新框架中要求使用"全面综合评估和具体评估标准……以选择进行PPP采购的项目及每个项目的中标人"。[a]

阿根廷：新的《PPP协议法》（第27328号）及其监管条例（第118/2017号法令）获得批准，旨在放宽监管并促进社会资本参与投资基础设施和公共服务领域。这项新法所规制事项中，有建立包括国际仲裁在内的替代性纠纷解决机制，还有关于授予PPP合同更为详细的规定。[b]这一新框架在现有的受监管的行政合同（包括特许经营）的机制外创造了一种新机制，并由此引入两种替代性的PPP项目的实施途径。这项新的、单独的PPP法律既不会废除也不会取代先前存在的特许经营制度。虽然保留先前存在的PPP机制会增加灵活性，但也会降低监管框架监管的透明度，并因此为机会主义行为提供空间。

马达加斯加：虽然PPP法已在2015年获得批准，但其规定不够细致，无法提供一个综合的PPP框架。在2017年，马达加斯加通过了两项实施PPP法的法令：2017—149号法令是关于PPP合同的采购方式；2017—150号法令则详细说明了PPP的机构框架。这些法令新涵盖的事项包括准备PPP合同草案的要求，关于招标文件开始发出之日与投标人提交投标文件截止之日间的最低期限的明确规定，以及关于再谈判的更详细规定。

巴基斯坦：最近颁布的《2017年PPP局法案》旨在"为私人参与提供公共基础设施及相关服务创建有利的监管环境"。[c]除了建立独立的PPP局（PPPA），行使为PPP项目开发咨询和把关的职能外，该法案还为在《2010年巴基斯坦PPP政策》中考虑过的许多领域提供了法律基础。例如，确保财政可承受的要求现在已经写入立法，同时采购过程中的几个阶段（包括采购通知的发布）以及争议解决机制现均有针对PPP的专门规定。

注：a 阿富汗：An Alternative to Public Sector Financing, National Policy on Public Private Partnerships 2017, Central Partnership Authority, 4-5, https://www.pajhwok.com/en/opinions/public-private-partnership-afghanistan-alternative-public-sector-financing.
　　b 阿根廷：New Legal Framework Allows for International Arbitration and Dispute Boards in Public-Private Partnership Projects, https://www.lexology.com/library/detail.aspx?g=8b23a3ce-ceb4-4dd0-bbd3-05854920fc7b; Argentina: Invest in Public-Private Partnership Projects in Argentina, http://www.mondaq.com/Argentina/x/640672/Government+Contracts+Procurement+PPP/Invest+In+PublicPrivate+Partnership+Projects+In+Argentina.
　　c The Public Private Partnership Authority Act, 2017.

PPP机构安排

鉴于以PPP模式提供基础设施颇为复杂且相对较新，政府可能需要建立专门的机构为其发展提供支持。在许多经济体中，建立这种制度安排是PPP监管框架的相关组成部分。虽然被评估的经济体采用了多种机构安排支持PPP的发展，但普遍趋势是建立PPP专责机构。PPP专责机构通过将PPP专业知识集中于一个政府机构中以促进PPP的发展。但是，与单独的PPP法律一样，PPP专责机构的创建本身并不是成功的保证。此外，建立单一集中式的PPP专责机构的可行性取决于每个经济体的规模和行政架构。因此，虽然这一要素为本报告分析的其余部分提供了必要的背景和基础，但对其本身无法评分。

被评估的经济体中，有81%拥有PPP专责机构。其中有些是类似于其他政府部门的独立组织，例如韩国的公私基础设施投资管理中心（PIMAC）以及尼日利亚的基础设施特许权监督管理委员会（ICRC）。在其他情况下，PPP专责机构是更大的部级单位的一部分。例如，在牙买加，PPP专责机构设于牙买加开发银行内；在土耳其，PPP专责机构隶属于开发部的投资规划、监测和评估总局。

虽然各个PPP专责机构的作用和职能不尽相同，但大多数PPP专责机构都有一些共同的核心任务：PPP监管政策和指导（在设有PPP专责机构的经济体中占到85%）；其他政府实体的能力建设（占88%）；推广和促进PPP项目（88%）；对实施PPP项目提供技术支持（80%）以及监督PPP项目的执行（75%）。这些职能与为支持实际的采购部门（通常是相关部门）提供咨询服务的职能相一致。此外，约有59%的PPP专责单位也需要对PPP项目进行批准，批准通常是通过参与PPP可行性评估过程进行的。最后，对政府在PPP中所承担财政风险的评估通常不属于PPP专责机构的职能，而是直接由财政部或中央预算机构完成。

在少数经济体（4%）中（见图3），PPP专责机构在PPP的发展中发挥着更为突出的作用，并切实作为PPP项目推进的主要（或唯一的）采购部门。例如，以下国家即采取这种模式：智利（特许经营司在与各部委协商一致后，对特许经营的公共工程进行采购）；洪都拉斯（国家PPP投资促进会（Coalianza）是PPP采购过程的主要主体）；爱尔兰（通过国家发展金融局（NDFA）集中采购PPP项目）；秘鲁（社会资本投资促进署（ProInversión）担任大型PPP项目的采购部门）；科威特（科威特合作项目管理局（KAPP）在相关部委确定的PPP项目采购方面发挥主导作用）。虽然这种安排通过将采

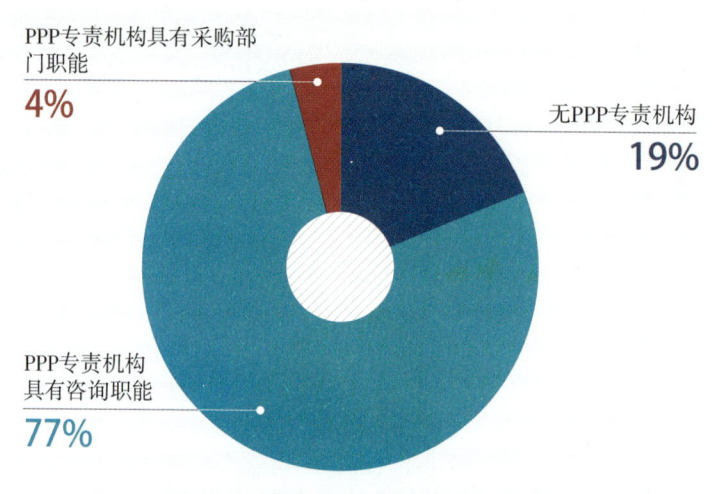

图3 在PPP采购中PPP专责机构的职能（百分比，N=135）

- PPP专责机构具有采购部门职能 4%
- 无PPP专责机构 19%
- PPP专责机构具有咨询职能 77%

注：PPP=政府和社会资本合作。
资料来源：《基础设施PPP采购报告2018》。

购集中于单一的PPP相关专业机构，可更有效地促进PPP的发展，但也可能导致其履行采购职责的方式偏离了最终负责实施基础设施的相关机构的要求。现约有1/3的PPP专责机构参与了PPP项目的识别和遴选。但这项任务更为普遍的是应由采购部门自行实施。

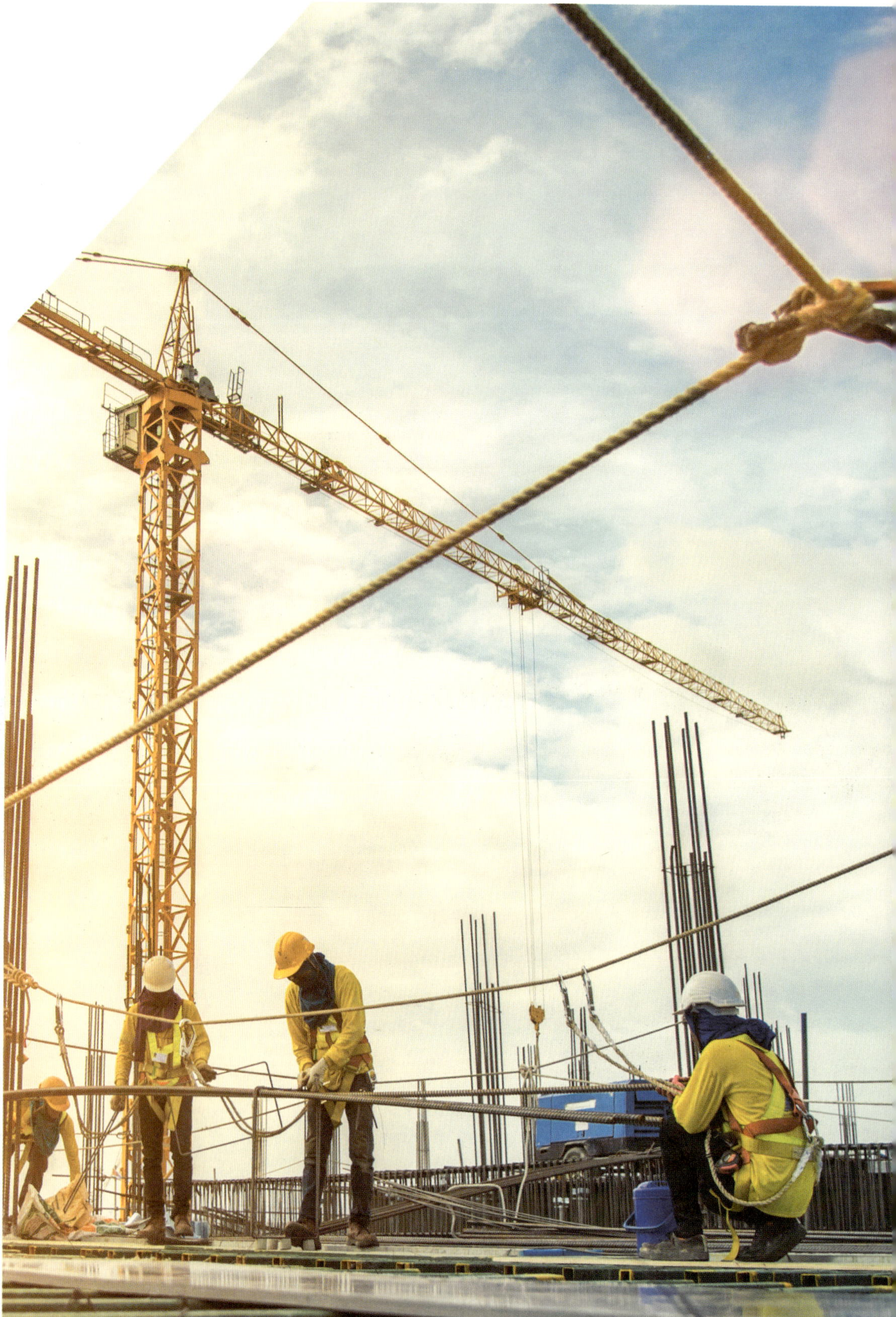

《基础设施PPP采购报告2018》所涵盖并评分的专题领域

PPP 项目准备

考虑到PPP项目的复杂性、规模和固有的长期属性，在做出启动PPP采购的决定之前，采购部门应充分进行尽职调查，并严格评估项目的可行性。准备阶段对于确保只有交易结构设计良好且商业可行的PPP项目（更有可能实现物有所值）才能进入采购阶段来说非常重要。

有效的PPP项目准备过程包括若干阶段。首先，应识别可采用PPP方式采购的潜在基础设施项目。应基于整体的基础设施规划和严谨的经济损益分析（economic cost-benefit analysis）识别潜在PPP项目，并与其他公共投资优先事项进行比较。还应建立PPP项目的财政影响框架，包括其预算、会计和财务报告处理。

接下来，应进行多次预评估，以确保项目能够以PPP方式顺利实施。进行可行性研究以明确PPP项目交易结构，包括评估并决定风险分配，以及通过市场测试了解市场意愿和能力。与已识别项目有关的任何环境问题都应在环境影响评价中得到体现。公认的良好实践要求在采购公告和（或）招标文件中包含各项评估信息，并允许公众查阅。

最后，通过评估确定PPP项目交易结构之后，采购部门应准备并公布启动PPP项目采购所需的相关文件，包括PPP合同草案。按照公认的良好实践，PPP合同应标准化，并出于透明度的目的实行公开。

针对准备仓促的PPP项目，其往往面临着财政手段不足或技术不够可靠的情况，因此遵循PPP项目准备阶段公认的良好实践尤为重要。框格3展示了有关的良好实践清单。

框格3　PPP项目准备：《基础设施PPP采购报告2018》中评分的良好实践

协助采购部门做出合理的PPP采购决定，且做好启动PPP采购程序的准备——项目准备的良好实践包括以下方面：

› 由财政部或中央预算部门核准项目的长期财政影响。
› PPP项目需要专门的预算和会计/财务报表处理办法。
› PPP项目应在国家公共投资计划范围内与所有其他公共投资项目一起进行评估并确定优先顺序。
› PPP项目需从以下方面进行合理性论证：
　· 社会经济影响分析；
　· 财政承受能力论证；
　· 财务可行性；
　· 风险评价；
　· PPP与传统公共采购的比较评估；
　· 市场测试；
　· 环境影响评价。
› 以上评估结果应纳入采购公告和/或招标文件中，并与招标文件一起在网上公布。
› 采购部门应准备PPP合同草案，将其纳入建议采购公告和/或招标文件中，并在网上公布。
› 采购单位应将PPP示范合同和/或交易文件规范化，加快交易，并保证一致性。

《基础设施PPP采购报告2018》的数据显示了PPP项目准备阶段平均得分在地区和收入群组方面的差异（见图4）。经合组织高收入地区遥遥领先于其他地区。南亚、拉美和加勒比以及欧洲和中亚的得分也高于或等于平均水平。拉美和加勒比地区的区域内差异最大，分数从2到90不等。收入水平的分列数据清楚地表明，收入组别水平越低，项目准备的平均分数越低。

图4 PPP项目准备，按地区和收入组别评分（分数1~100）

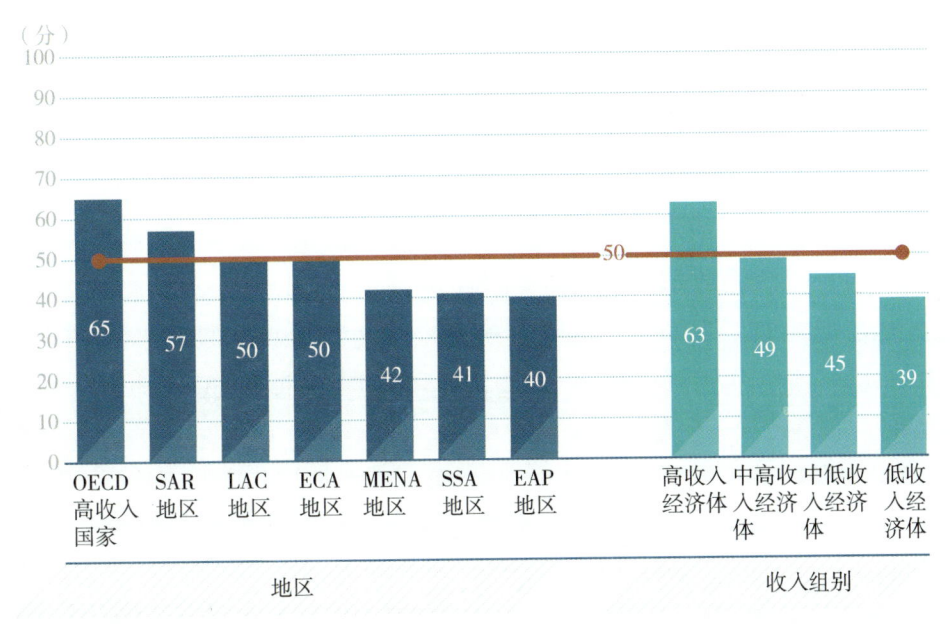

注：ECA=欧洲和中亚，EAP=东亚和太平洋，LAC=拉丁美洲和加勒比，MENA=中东和北非，PPP=政府和社会资本合作，OECD=经济合作与发展组织（经合组织），SAR=南亚，SSA=撒哈拉以南非洲。

资料来源：《基础设施PPP采购报告2018》。

《基础设施PPP采购报告2018》调查并收集了与PPP项目准备相关的一系列问题的大量数据。以下章节简要地总结了研究结果中有关评估、评估对公众披露及PPP项目财务处理问题的部分。

PPP项目的评估

对PPP项目的有效评估有助于确保项目质量、早日实现融资交割，且在实施过程中产生更多积极成果。此外，这些评估可作为采购单位理解项目关键要素的支持材料，能够帮助采购单位合理地设计项目结构以及PPP合同草案。

鉴于评估的重要性，《基础设施PPP采购报告2018》的调查问题包括在准备阶段是否需要进行下列评估：（1）社会经济影响分析；[1]（2）财政承受能力论证；（3）风险的识别、分配和评估；（4）与传统采购方式进行比较评估（即物有所值评价）；（5）财务可行性或可融资性评估；（6）对潜在投资者的

---

1 本评估可以通过损益分析（CBA），成本效率分析（cost-effectiveness analysis），或多标准分析，以及其他相关方法进行。

市场测试;[1]（7）环境影响评价。本报告引入环境影响评价以便了解各国政府评估潜在PPP项目可能对环境产生直接影响的能力。

《基础设施PPP采购报告2018》调查不仅明确了需要开展的评估项目（同时识别出已出台明确管理要求的情况），并且明确了每项评估是否已配备相应的评估方法。评估方法为PPP项目准备提供了指导，并保证了不同PPP项目之间的一致性。评估方法为不同的PPP项目提案提供了统一、公开、易于操作的客观标准，有助于提高政府的透明度，加强能力建设。评估方法可采用辅助材料或方法指南的形式，其中就包括投资项目的设计和评价指南。

80%以上的受访经济体开展了上述7项评估中的6项（除了市场测试）（见图5）。然而，不到1/3的经济体制定了开展上述评估的具体方法，且更小比例的经济体（略高于20%）在线公开上述评估。

图5 PPP项目准备阶段的评估（百分比，N=135）

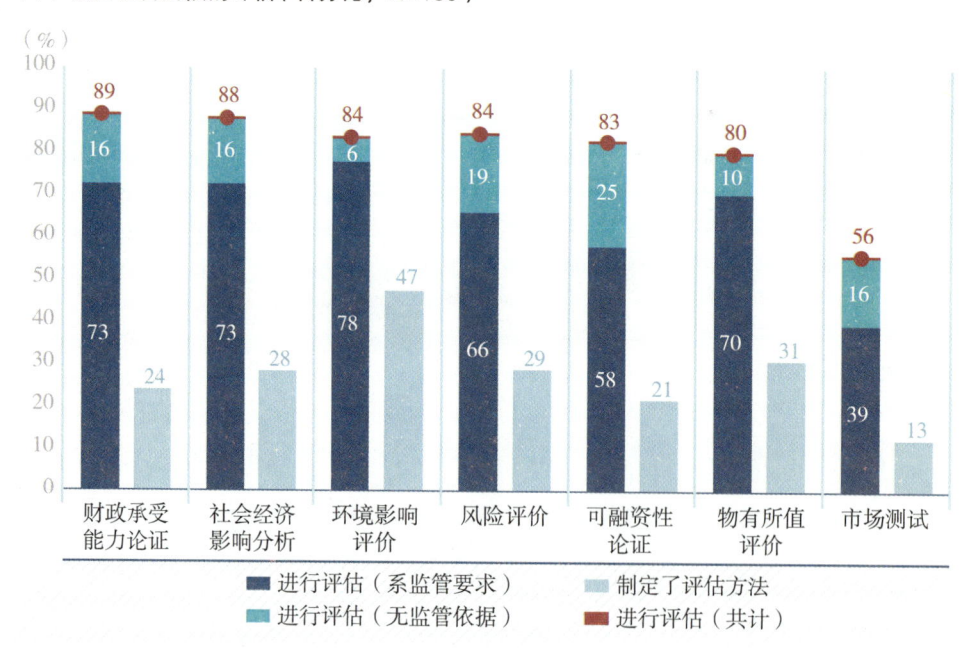

评估项目	进行评估（共计）	进行评估（无监管依据）	进行评估（系监管要求）	制定了评估方法
财政承受能力论证	89	16	73	24
社会经济影响分析	88	16	73	28
环境影响评价	84	6	78	47
风险评价	84	19	66	29
可融资性论证	83	25	58	21
物有所值评价	80	10	70	31
市场测试	56	16	39	13

注：图中的某些数字可能由于四舍五入加起来与总数不符。
资料来源：《基础设施PPP采购报告2018》。

135个受访经济体中只有11个为报告中关注的全部7项评估提供了具体

---

[1] 尽管有交叉，对于项目的商业可行性而言，财务可行性和市场测试分别指不同方面。财务可行性或可融资性评估将运营、维护和资产替代的成本与项目采用市场价格获取的收益相比较；而市场测试评估市场对项目的兴趣，测试投资者和私人运营商是否对项目有兴趣。

方法：加拿大、德国、爱尔兰、立陶宛、荷兰、新西兰、秘鲁、菲律宾、斯洛伐克、南非和英国。相反，索马里不要求准备任何评估。这种做法表明仍有相当大的改进余地。

本报告整理的数据显示，财政承受能力和社会经济影响分析是识别潜在PPP项目时最常采用的两项评估（分别为89%和88%，尽管只有73%的经济体有法规规定要求开展这两项评估）。通过以上评估，政府进行损益分析，以衡量公共利益和社会回报与项目成本之间的损益，并衡量项目对长期财政及预算的影响。然而，只有28%和24%的经济体制定了开展这两项评估的具体方法。更多的经济体只对环境影响评价和与传统公共采购的比较评估（有时称为物有所值评价）制定了具体的评估方法。开展全面的社会经济影响评估的一个典型国家是奥地利，其评估包含了一组全面的待评估的变量："在任何情况下，对金融、经济、环境、消费者保护的影响、对儿童和青年的影响，以及对包括社会内的公民和企业的管理成本的影响，特别是对性别平等的影响都应纳入考虑。"[1]

政府用环境影响评价对未在经济损益分析时考虑环境外部性做出说明。此外，环境影响评价能够识别在项目生命周期内实施的风险减缓措施。78%的受访经济体对开展环境影响评价有法律上的要求，这使环境影响评价成为

---

1 根据《联邦预算法》第17.（1）条。

有最多的经济体做了法律规定的一项评估内容。包括乍得和海地在内的另外6%经济体中，虽然没有相应的法律要求，但受访者表示他们也开展了环境影响评价。因此令人惊讶的是，即使在这种情况下，只有47%的经济体制定了环境影响评价的方法。

通常，各国环境法会对PPP项目的环境影响评价做出规定，这些法律一般适用于PPP项目。在一些经济体中，PPP法明确提到了进行环境评估的要求，但具体细则在单独的法规中规定。例如，在科特迪瓦，《PPP法令》要求可行性研究需包括项目的环境评估而《环境法典》[1]指出，每个可能对环境产生影响的项目，都应先进行影响研究。同时，评价环境影响的方法在另一项具体法令中得以明确。[2] 布隆迪的《PPP法》[3]规定，只有PPP机构开展的评估表明PPP项目与其他采购相比具有优势，才能准备PPP合同的评估。PPP机构开展的评估中要求包含环境保护和可持续发展的措施。

市场测试是受访经济体最不常采用的评估，仅有56%的经济体采用（其中16%没有法律上的要求）。此外，只有13%的经济体制定了市场测试的具体方法。例如，在加拿大，市场测试的具体细节是商业案例开发模型的一部分。此外，《采购选择分析指南》要求采购单位：（1）概述与市场评估参与者进行接触的总体方案；（2）描述识别合格市场评估参与者的流程，确保选择合适的参与者；（3）描述市场评估流程；（4）提供有关后续磋商和更新方案的信息。[4] 其他一些经济体也已制定了具体的评估方法，包括德国、新西兰、菲律宾、新加坡、南非和英国。

项目准备阶段的评估为采购单位提供了主要信息来源。然而，进一步披露和公布评估信息有利于帮助所有利益相关方充分了解项目。此外，公布评估情况有利于采购的透明性，公开可能会给采购单位带来压力，迫使其选择最合适的项目，减小低效和潜在腐败的空间。同样，通过包含在招标文件或采购公告中的信息备忘录或类似文件向潜在投标人披露评估信息，可帮助投

1　1996年10月3日法律第96-766号，颁布《环境法典》。

2　2012年12月19日法令第2012-1151号第4.2条，与PPP合同有关；1996年9月8日法令第96-894号，与用于开发项目的环境影响研究的规则和程序有关。

3　2015年4月27日法律第1/14号，与PPP合同的一般机制有关。

4　《商业案例开发模型》第4步第3.0节；《采购分析指南》第3节。

标人做出更加明智的投标决定，且能帮助其提交准备更为充分的投标方案。基于上述原因，今年的调查亦询问了评估是否公开，能否实现线上查询，以及评估信息是否纳入提供给潜在投标人的招标文件中（见图6）。

图6 向投标者和公众公布准备阶段的评估（百分比，N＝135）

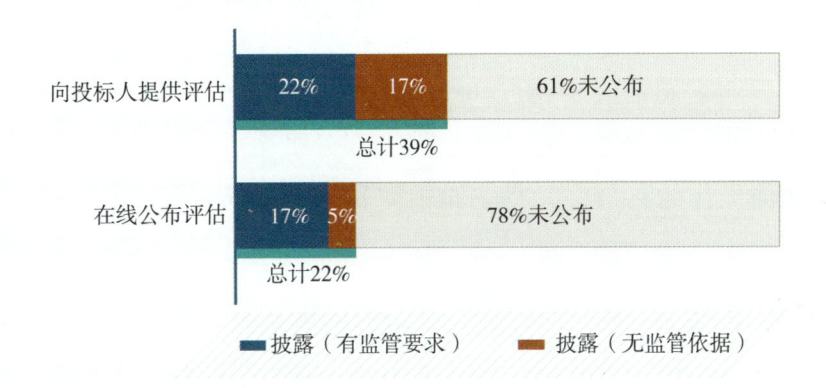

	披露（有监管要求）	披露（无监管依据）	未公布
向投标人提供评估	22%	17%	61%未公布
	总计39%		
在线公布评估	17%	5%	78%未公布
	总计22%		

资料来源：《基础设施PPP采购报告2018》。

约有39%的经济体将已完成的评估纳入提供给潜在投标人的文件中。22%的经济体中，这是按照监管框架中的明确要求进行的，另外17%的经济体中，受调查者认为把评估结果纳入给潜在投标人的文件是一种被普遍认可的做法。以澳大利亚为例，《新南威尔士PPP指南》认为，向投标人提供公共部门比较值（Public Sectar Comparator，PSC）摘要，帮助其准备投标书是一种良好实践。[1] 此外，澳大利亚《PPP指南》还规定采购单位要分析项目的立法和监管影响、进行可行性研究、分析土地利用、地质信息，预估入围投标人的需求。[2] 与这个值得称道相对应的，60%以上经济体的评估专门服务于采购单位，而不一定需要与投标人分享。这样可能会影响投标人对项目范围和要求的充分了解，导致无法准备最合理、准确的投标文件。同时，如果其中一些投标人能通过其他手段获得更多政府准备的评估信息，也可能会导致投标者之间的差异。

同样地，尽管能够提高对利益相关者的透明度，但只有约1/5的受访经济体选择公布至少一项评估结果。17%的受访经济体明确提出监管要求，要求公开此类信息。根据受访者提供的信息，在另外5%（7个）经济体中，尽

---

[1] 《新南威尔士PPP指南》第4.3.3节。
[2] 《国家PPP指南》第2卷第5.2.1节。

管尚未有相关监管要求，但仍在实践中公开评估结果。例如在中国，PPP项目信息在项目识别和准备阶段公开，包括风险分配框架、物有所值评价报告、财政承受能力论证报告等。[1] 巴拉圭PPP法要求规划技术部（Technical Secretary of Planning）的PPP项目处（Public Private Partnership Project Unit）在PPP采购之前公开预可研和可研。[2] 除了上述这几个不错的例子之外，大多数经济体（超过3/4的受调查经济体）尚未考虑公布PPP项目准备阶段的评估。这至少表明它们错失了通过向所有潜在利益相关者提供PPP项目的范围和影响的全貌信息从而与其充分接触的一部分机会。最后，信息公开的缺失很难保证评估工作的有效性，且更难追究采购单位的责任。

PPP的财务处理

在签署PPP合同时，政府部门可能遇到财政承诺问题，如直接负债（如可用性付款或影子收费）和或有负债（如担保或赔偿条款），上述问题的发生、时机和价值取决于未来可能发生的不确定性事件。若政府财政管理的措施不到位，PPP可能成为绕过预算和财政控制的手段成为公共部门的隐性负担，从而影响经济体的总体财政可持续性。

尽管这一问题非常重要，但对PPP的财政影响进行适当评估仍未成为一种普遍的做法。大多数受访经济体（81%）需要财政部或中央预算部门的批准，之后才启动PPP采购程序。然而，只有54%的受访经济体要求在PPP合同签署之前进行再次批准。第二次批准对确保项目投标过程中在可能发生的重大变化时项目对政府而言在财政上依旧可承受是非常重要的（见图7）。

各经济体财政部的批准类型各不相同。在要求财政部批准的大多数受访经济体中，政策明确规定由财政部自身进行审批（如白俄罗斯、印度尼西亚和巴拉圭）。但是，在18%的经济体中，这种批准是间接的。例如，财政部作为审批委员会的组成成员，审查和批准PPP项目（如安哥拉、孟加拉国和约旦）。

---

1 《关于印发〈政府和社会资本合作（PPP）综合信息平台信息公开管理暂行办法〉的通知》（财金〔2017〕1号），2017年1月23日发布。参见http://www.cpppc.org。

2 法令1350/14号第26条。

在有些经济体中，审批过程是选择性的。只有涉及预算资金时，财政部才需要审核PPP项目，如阿尔巴尼亚、保加利亚和蒙古国。这种差异化的做法会鼓励PPP在设计融资结构时尽量避免受到审批的控制，而非采取最优的方式设计融资结构。

有关PPP预算、会计和/或财务报表处理的具体规定更为粗略。只有36%的经济体引入了PPP会计和/或财务报表处理相关规定，对PPP预算处理做出具体规定的经济体更少（24%）。

有关预算处理的规定各有不同，但总的来说，这些规定主要用于明确PPP负债的长期影响。以奥地利为例，《联邦预算法》对未来存在财政支出义务的项目规定了具体的预算要求。[1] 与此类似，在墨西哥，PPP项目所涉及的未来财政承诺必须按照《联邦预算和财政责任法（LFPRH）》的规定加以

---

[1] 《联邦预算法》第60.（1）节规定有关部委应与联邦财政部就任何项目的执行达成一致［第57（1）节］并且创建相关负债，其到期清偿需要联邦政府在多个财政年度或至少一个未来财政年度的支出（未来债务）。联邦财政部应在与有关部门合作的情况下，采取专门措施，确保符合第58（1）节中规定的前提条件并按第3小节的要求提交必需的报告，或者按第4小节的要求获得联邦法定权利。

界定和计算。

有些经济体不要求对PPP进行专门的预算处理,而是建立了其他机制来控制PPP的预算问题。例如,阿根廷、布基纳法索、哥伦比亚、厄瓜多尔、洪都拉斯、马达加斯加和巴拉圭对可用于PPP项目的财政资金总额进行了限制。虽然这类限制更加严格地控制了PPP的潜在财政影响,但也可能对开发必要的和最优的PPP项目造成不必要的限制。另一方面,阿富汗、孟加拉国、印度、韩国和乌干达等国,其监管框架规定要求建立可行性缺口基金。这些基金帮助PPP项目实现商业可行性,并集中整合为此目的所提供的公共支持。

有关PPP会计和/或财务报表的专门规定也不常见。例如,这些条款一般规定,哪一方在资产负债表上应承担与PPP有关的债务,和/或要求政府公开PPP项目潜在财政影响的相关信息。经合组织中的欧盟成员方须遵守共同的欧洲会计体系(European System of Accounts,ESA)。该体系规定了PPP项目专门的财务处理方法。该体系要求当公共部门在PPP项目中承担大部分风险时,需承担与PPP有关的债务。除此之外,只有少数经济体(不到5%)采用了国际公共部门会计准则(International Public Sector Accounting Standards,IPSAS)作为其PPP项目会计处理的方式。IPSAS要求,如果公共部门保留了对项目的控制权,则应将PPP项目纳入公共部门的资产负债表。智利、秘鲁、南非和土耳其就是这种情况。

将经合组织高收入经济体与发展中经济体进行比较,数据呈现出一种有趣的模式(见图7)。非经合组织经济体的监管框架非常重视财政部或中央预算部门的正式审批,给采购单位的自由裁量权相应地减小。然而,在这些经济体中,关于预算和财政处理的规定甚少。与此形成对照的是,在经合组织高收入经济体中,通常并不需要财政部的正式批准(采购单位保留更多的自由裁量权,但也承担更多责任),但其中较大比例的经济体通过了专门的PPP会计处理规定,将其作为一种财政控制机制。

图7 PPP项目的财务处理

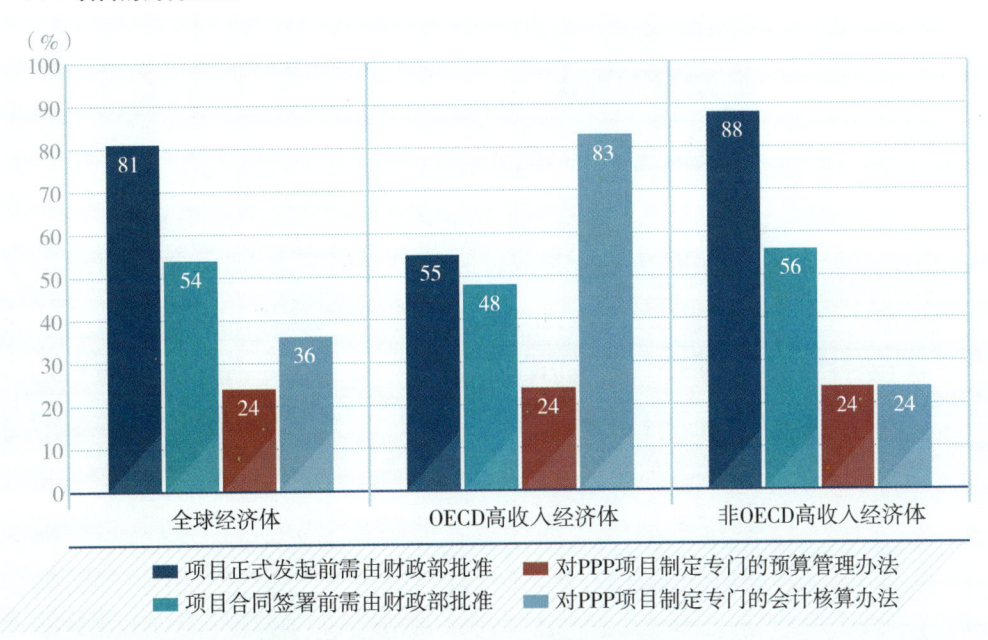

	全球经济体	OECD高收入经济体	非OECD高收入经济体
项目正式发起前需由财政部批准	81	55	88
项目合同签署前需由财政部批准	54	48	56
对PPP项目制定专门的预算管理办法	24	25	24
对PPP项目制定专门的会计核算办法	36	83	24

注：MoF = 财政部；OECD=经济合作与发展组织；PPP = 政府和社会资本合作。

资料来源：《基础设施PPP采购报告2018》。

PPP项目采购

准备工作完成、决定用PPP模式实施基础设施后，采购当局会进入到采购阶段。私人伙伴通常通过公开招标程序对社会资本方加以遴选。在这个过程中，要么适用一般的公共采购规则（政府采购法），要么适用专门制定的PPP采购规则（PPP采购管理办法）。PPP项目的长期成功很大程度上取决于选择最合适的社会资本方。政府是否能通过PPP实现物有所值的目标取决于社会资本方的创新能力和创造效率的能力。由于PPP项目具有长期性，以及所涉及公共利益的广泛性，选择合适的社会资本方因此越来越重要。通过选择合适的社会资本方，政府可以增加建立信任关系的可能性，并且实现PPP项目所预期的目标。因此，通常必须全面审查投标者的资质和建议，确保实现期望的物有所值。

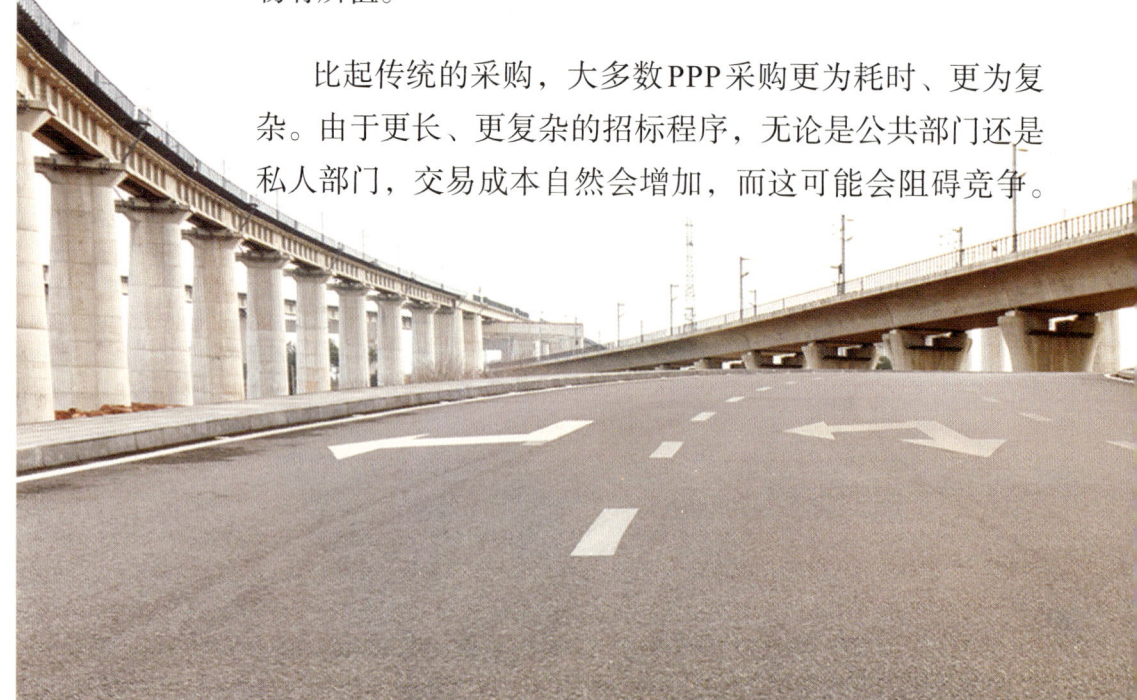

比起传统的采购，大多数PPP采购更为耗时、更为复杂。由于更长、更复杂的招标程序，无论是公共部门还是私人部门，交易成本自然会增加，而这可能会阻碍竞争。

采购当局在决定采用PPP的时候必须把这一点考虑进来。因此，要想确保平等对待所有投标者，最大限度地降低交易成本是一个基本的要素，此外还需保障采购过程的清晰、公平和透明度，以保证实现物有所值。

《基础设施PPP采购报告2018》采购阶段的主题范围涵盖了采购过程的各个方面，例如投标者获取与采购有关的信息、采购文件的清晰性和完整性、评标委员会成员的资格、选标的标准、政府处理单一投标的方法，以及在合同授予阶段对谈判的限制。在框格4中，我们总结了《基础设施PPP采购报告2018》所覆盖的领域中提炼出的良好实践。

框格4　PPP采购：《基础设施PPP采购报告2018》中评分的良好实践

良好实践有助于在PPP采购过程中确保公平竞争、物有所值以及透明度。良好实践包括：
- 评标委员会成员应符合最低限度的专业要求。
- 采购当局应在线公开政府采购公告。
- 对潜在投标人，采购当局至少应给足30天的投标时间。
- 不应禁止外国公司参加本国PPP采购流程。
- 采购当局应通过竞争程序选择最合适的中标者。
- 招标文件应详细说明采购程序并对所有投标人都提供相同的信息。
- 招标文件应详细说明资格预审/筛选标准（如果有的话）。
- 潜在的投标人可以提出问题，要求采购当局澄清政府采购公告和/或建议邀请书（RFP）中的问题，并将答案向所有的潜在投标人公开。
- 采购当局应举行标前会议，进一步向潜在投标人提供信息，做出澄清，前提是要向所有投标人公开。
- 投标人应准备相应的财务模型，并响应文件一起提交。
- 采购当局应严格依照且仅依照招标文件中列出的标准评价标书。
- 如果仅有单一投标的话，采购当局按照某种具体程序确保项目的物有所值。
- 采购当局应在线公开中标通知。
- 采购当局应向所有投标人提供PPP采购过程的结果，包括选择中标人的理由。

› 在决定授予合同的意向已经告诉投标者之后和授予合同之前，应有一段暂停期（standstill period），允许未中标的投标者对授予决定提出质疑。在建议邀请书和授予意向通知中，要具体列明暂停（公示）期的相关规定。
› 在合同授予后、PPP合同签署前，中标的投标人和采购当局之间的任何谈判都要受到限制和监管，以确保透明度。
› 采购当局应在线公开签署的PPP合同及其修订内容。

《基础设施PPP采购报告2018》中的数据揭示了PPP采购方面平均得分的地区和收入组别差异（见图8）。OECD高收入国家在得分上居首，其次是欧洲和中亚、拉美和加勒比以及南亚。表现最好的地区（79分）和最差的地区（53分）之间有显著差异。东亚和太平洋地区不仅得分最低，而且地区内的方差也最大，得分从7分到82分不等。如果按照收入水平重新分组，数据揭示了以下趋势：即国家的收入水平越低，其PPP采购方面的得分也最低。

图8 PPP采购得分，按照地区和收入分组（分值1~100）

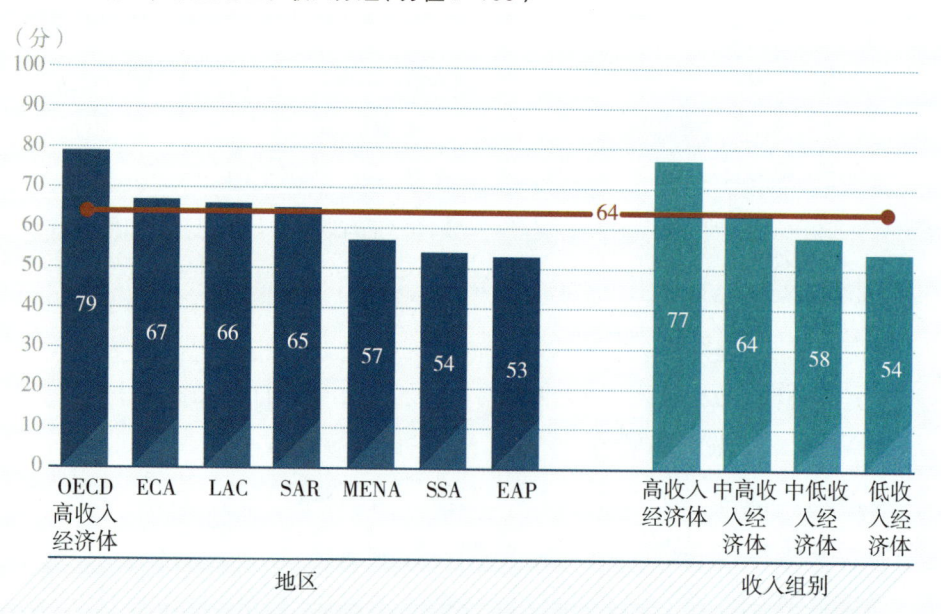

地区	得分	收入组别	得分
OECD高收入经济体	79	高收入经济体	77
ECA	67	中高收入经济体	64
LAC	66	中低收入经济体	58
SAR	65	低收入经济体	54
MENA	57		
SSA	54		
EAP	53		

注：ECA=欧洲和中亚，EAP=东亚和太平洋，LAC=拉美和加勒比，MENA=中东和北非，PPP=政府和社会资本合作，OECD=经济合作与发展组织，SAR=南亚，SSA=撒哈拉以南的非洲。
资料来源：《基础设施PPP采购报告2018》。

这一分析聚焦于PPP采购过程的透明度，包括考察采购当局和私人伙伴之间的互动，PPP采购过程的信息披露，以及暂停（公示）期。

PPP采购当局和投标者之间的互动

在采购过程中,政府需要在投标者准备标书的过程中设立规定,怎样与其互动,以及在多大程度上与其互动。为保障透明与公平,必须在招标文件中明确关于与投标人的互动程序和可以讨论的议题的相关规则。这样的互动通常涉及向投标人提供有关信息,以及以书面方式回答澄清建议邀请书(RFP)的要求。投标人和采购单位在投标前的互动可以通过标前会议[1]或者通过投标人的书面询问。在前一种情况下,采购当局会介绍项目情况,回答投标人的问题,发布书面会议纪要,以及对投标人提出的关于已经发布/即将发布的建议邀请书的问题的书面回答。在后一种情况下,投标人提交与采购公告和建议邀请书有关的问题,采购当局向所有收到建议邀请书的投标人或即将对其发出建议邀请书的投标人做出书面澄清,并且不提及是谁提出的问题。[2]这些互动可能会导致修改招标文件。因此,最佳实践是向所有投标人公开全部要澄清的问题和对应的答案,确保平等获取信息和公正。这有助于潜在的投标人更好地理解并满足采购当局的要求,并且能完全理解其所预期要履行的义务。

只有4%的经济体在其监管框架中没有规定投标人有机会在投标前提出

---

[1] 在不同国家,这个领域的术语和做法有很大差异(投标前/建议前/招标前)。《基础设施PPP采购报告2018》强调当此种与投标者的互动受到规制或基本完成时,监管框架要求或者普遍认可的做法要求向所有投标人披露互动的结果。

[2] 有些政府对什么时候可以要求做出澄清施加了限制,以防止在临近投标截止日期的时候披露信息会使有些投标人获得超出其他投标人的益处。如果情况要求采购单位在临近投标截止日期时披露信息,则应延长截止日期,给投标人留出足够时间,使其能够在标书中反映所得到的新信息。

问题，澄清投标文件中的内容。有些经济体，如阿尔及利亚、刚果共和国、巴布亚新几内亚和泰国，没有对投标人和采购当局之间的互动进行充分的监管，可能会影响到投标准备的质量。

40%的经济体，包括阿富汗、波斯尼亚和黑塞哥维纳、保加利亚、黎巴嫩和缅甸，仅允许投标者以书面方式提交澄清性问题。这种制度所提供的，是采购当局与潜在私人伙伴之间中等水平的互动。与此形成对照的是，55%的经济体制定了监管框架，不仅允许投标人提出澄清性问题，同时也允许采购当局召开标前会议。除了回复对招标通知和建议邀请书等提出的澄清性要求，让采购当局在标前会议上介绍项目、回答投标人的问题，这给投标人提供了关于项目最高水平的透明度，包括澳大利亚、比利时、墨西哥和沙特阿拉伯在内的经济体都遵循这种良好实践。

如果在采购过程中，各方信息不均等的话，可能会导致机会主义行为。为确保对所有投标人都公平，与澄清有关的问题及由此引发的修改，必须由采购当局以书面形式告知所有投标人，并且不提及是谁提出了询问/澄清性问题。向所有投标人披露信息确保了透明和公平，这会促进竞争，有助于实现物有所值。尽管涉及投标人的保密信息需要受到保护，但澄清性问题和对其做出的回答若能告知投标人，会帮助他们更好地理解项目要求。透明的过程可以使投标人准备可持续性更高的标书，最终会促使项目所签合同成功履约。

如图9所示，几乎所有的经济体（96%）都允许提出澄清性问题。在82%的经济体中，采购当局会向所有投标人披露结果。但是，在少数经济体中，如贝宁、柬埔寨、伊拉克、蒙古国、苏丹和赞比亚，不要求采购当局披露所提出的澄清性问题，或对问题的答案。

在采购当局召开标前会议时，准备包含了澄清性问题和对这些问题的回答的会议纪要是一种良好实践。为使透明度最大化，会议记录的副本应当发给所有潜在投标人，对于新参与的投标人，应将标前会议后形成的建议邀请书附在原建议邀请书后面。如前所述，超过一半（55%）的经济体允许召开标前会议，接近一半（47%）的经济体披露在标前会议上提供的信息。个别经济体不要求披露标前会议上所做的澄清，包括日本、哈萨克斯坦、马里、蒙古国和所罗门群岛。

图9 PPP采购过程中获取信息（百分比，N=135）

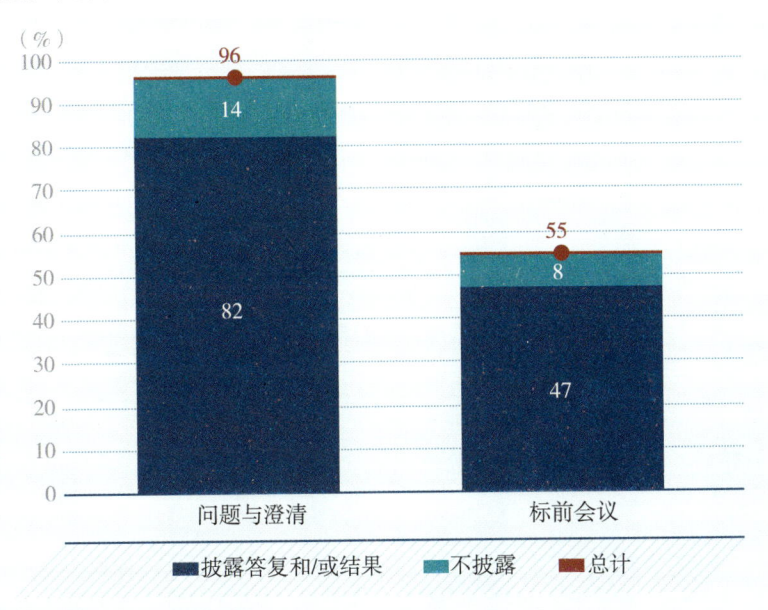

```
(%)
100                96
 90         14
 80
 70
 60                          55
 50                         8
 40         82
 30                         47
 20
 10
  0
         问题与澄清        标前会议
    ■披露答复和/或结果  ■不披露  ■总计
```

资料来源：《基础设施PPP采购报告2018》。

披露PPP采购过程的结果

选定中标者后，投标过程便告结束。向投标人提供信息和披露中标结果有助于建立对投标过程公平与透明的信心，防止欺诈和腐败的发生，通过竞争程序实现物有所值。此外，通过明确告诉投标人授予意向，从而向他们提供关于投标过程与结果的信息，可以增加私人部门对整个过程监督的参与。最后，当投标人有了关于合同授予意向的信息（包括授予的理由）后，他们可以对与采购过程有关的细节有一个清晰的了解途径，如果感到采购当局的决策不公，可以提出投诉。

披露采购过程的第一步是告知所有投标人关于授予意向的决定。为确保充分披露，投标结果的通知中也应包含授予中标的理由。如图10所示，各个地域之间关于PPP采购过程结果和授予中标的理由规定有所不同。在29个OECD高收入经济体中，既要求向所有参加招标的投标人提供中标结果的信息，又要求提供授予中标的理由。OECD高收入经济体得分最高，其次是欧洲和中亚，以及拉美和加勒比地区。另外，在南亚地区，只有67%的经济体要求向投标人提供采购结果的信息，并且只有33%必须包含授予中标的理由。孟加拉国、刚果民主共和国、哈萨克斯坦、马来西亚、蒙古国和赞比亚等经济体不要求提供此类结果。

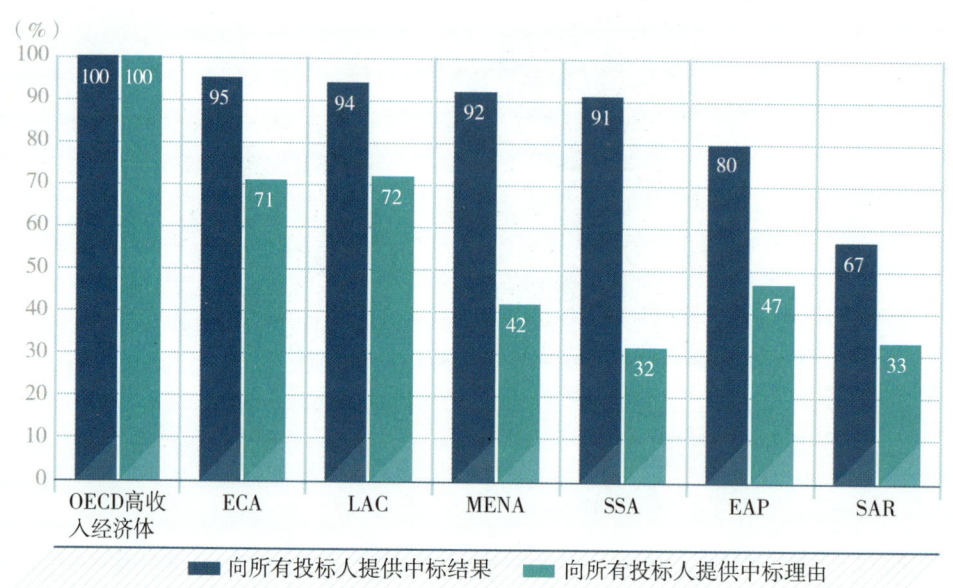

图10 披露PPP采购过程的结果和中标理由（按地区划分，百分比，N=135）

地区	向所有投标人提供中标结果	向所有投标人提供中标理由
OECD高收入经济体	100	100
ECA	95	71
LAC	94	72
MENA	92	42
SSA	91	32
EAP	80	47
SAR	67	33

注：OECD=经济合作与发展组织，ECA=欧洲和中亚，LAC=拉美和加勒比，SSA=撒哈拉以南的非洲，MENA=中东和北非；EAP=东亚和太平洋，SAR=南亚。

资料来源：《基础设施PPP采购报告2018》。

将数据按收入水平重新分组，明显揭示出在低收入水平组，要求提供的关于PPP采购过程的信息较少（从OECD高收入经济体的100%到低收入经济体的50%）。

在信息中不包括授予中标的理由意味着没有提供关于中标者相对优势的信息，因此其他投标人无法获知其为什么没有中标。对于想对采购过程的程序和结果提出质疑的未中标投标人来说，这个过程因此将变得耗时、不现实且负担沉重。例如阿富汗、白俄罗斯、科特迪瓦、斯里兰卡、阿拉伯联合酋长国和津巴布韦就只向投标人告知采购结果，不披露遴选中标人的理由。

采购过程中另外一个重要的要素是暂停（公示）期。授予中标人的意向一经公布，在通知未中标的投标人将授予中标人合同以及实际授予合同之间，必须有一段合理的时间。这样就有了一个时间窗口，让未中标的投标人在合同签署和执行阶段开始之前能够对合同授予提出质疑。在那些无法废除PPP合同的经济体中，或者投诉无法暂停采购过程的经济体中，这一点尤为重要。合理的暂停期可以让未中标的投标人审查中标结果的合法性及评标过程中是否有瑕疵，确保对授予决定提出有效质疑。最后，除了对投标者有利以外，暂停期也对采购当局有利，因为这一制度给投标人提供了质疑中标结果的清晰框架。尽管在合同授予后，落选的投标人也可以提出采购质疑，但暂停期的安排防止了最终走到宣布合同无效的境地也防止了更为严重且昂贵的后合同（post-contractual）救济。

在法律和监管框架中对暂停期作出规定均最多的是OECD高收入地区的经济体（72%）。与此相比，南亚仅为17%（仅斯里兰卡对此作出规定）（见图11）。产生这一趋势的原因在于，欧盟要求所有成员国在通知授予决定和签署PPP合同之间规定暂停期，以便与欧盟指令保持一致。[1] 欧盟之外，亚美尼亚、肯尼亚和俄罗斯联邦也做了类似规定。另外，在像尼日利亚、卡塔尔、塞拉利昂、越南、津巴布韦这样的经济体中，其PPP监管框架中对投标人没有暂停期这样的保护。

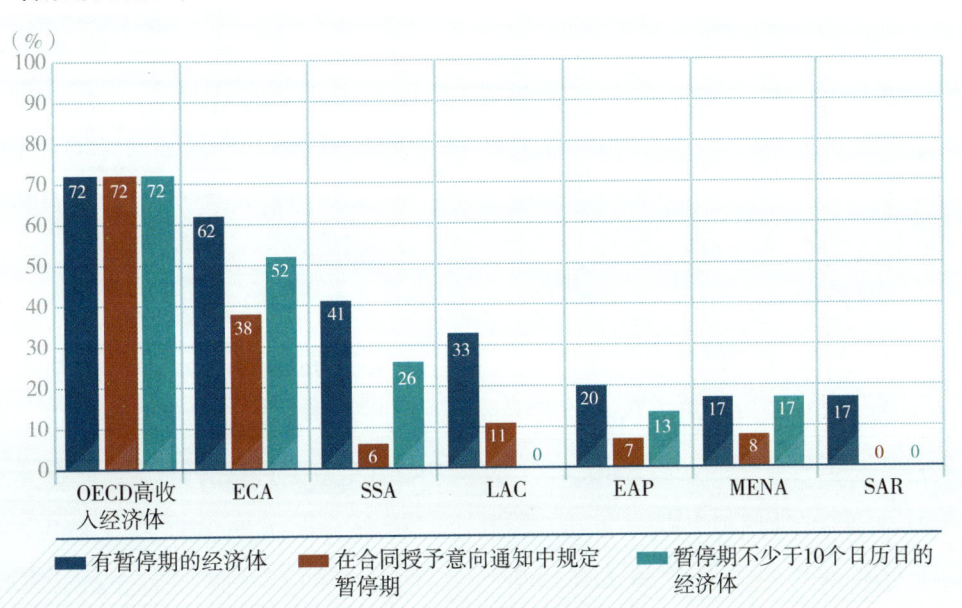

图11 暂停期（百分比，N=135）

地区	有暂停期的经济体	在合同授予意向通知中规定暂停期	暂停期不少于10个日历日的经济体
OECD高收入经济体	72	72	72
ECA	62	38	52
SSA	41	6	26
LAC	33	11	0
EAP	20	7	13
MENA	17	8	17
SAR	17	0	0

注：OECD=经济合作与发展组织，ECA=欧洲和中亚，LAC=拉美和加勒比，SSA=撒哈拉以南的非洲，MENA=中东和北非，EAP=东亚和太平洋，SAR=南亚。

资料来源：《基础设施PPP采购报告2018》。

---

1 根据欧盟指令第46（2）（a）条，在做出授予合同的决定后，如属于指令2014/24/EU或指令2014/23/EU的范畴，在从授予合同决定以传真或其他电子方式送达投标人或中标人后10日内，或者如果使用其他通信方式，在合同授予决定送交投标人或中标人后15日内，或投标人或中标人收到授予决定后至少10日内，不能签署合同。

为优化暂停期能起到的作用，暂停期应当从通知授予意向的时间开始，且应让落选的投标人了解质疑采购当局决定的时间流程。72%的OECD高收入经济体在授予意向中有对于暂停期的规定，与此相较，南亚无一做此规定。此外，还要留出一个合理的时间窗口，让落选的投标人有充分时间决定是否要质疑授予决定，并提交申诉。按照欧洲法院的判决、世界贸易组织《政府采购协定》及其他具有法律约束力的文本所体现的精神，普遍认可的暂停期最低为10日。[1] 如果法律框架中规定了更短的期限，如5天（安哥拉和尼加拉瓜）或7天（白俄罗斯），就未必能给落选的投标人提供足够时间去准备和提交有效的质疑。地区比较揭示了一个有趣的对比（见图11）。72%的OECD高收入经济体规定了至少10天的暂停期，所有（100%）的拉美和加勒比地区及南亚地区的经济体规定的暂停期都少于10天。

框格5　PPP全生命周期的透明度

政府和社会资本合作（PPP）整个生命周期的开放和透明对于保证从基础设施中获得最大效率、确保物有所值最大化的经济社会结果非常关键。使公共领域信息更加容易获得能增加项目的可预测性，提升对PPP项目的公共信心，减少腐败的风险，确保私人投资符合公共利益。很多专家认为，提升PPP的透明度可以通过主动向公众披露信息实现。

《基础设施PPP采购报告2018》揭示了提升主动信息披露质量的诸多方面，特别是在PPP全生命周期中的准备和合同管理阶段。图12展示了《基础设施PPP采购报告2018》对在透明度领域选取的一些问题进行打分并按照主题领域进行加总所得的透明度评分（详见附录3）。[a] 在采购阶段，《基础设施PPP采购报告2018》中透明度全球平均得分是66分，在准备阶段，全球平均得分为38分，而在合同管理阶段，全球平均得分仅为12分。这一情况表明，围绕招投标过程，获取信息相对容易，

---

[1] 阿尔卡特法定暂停期是从通过欧盟官方公报通知合同授予决定起，到与中标的供应商签订合同为止，至少10天。这个暂停期是根据欧洲法院两个有联系的案件（合起来被称为阿尔卡特案）命名的（Alcatel Austria v Bundesministerium fuer Wissenschaft und Verkehr, Case C-81/98）。在英国，这一制度是由政府商务办公室于2005年引入的。根据阿尔卡特法定暂停期的规定，我们讨论的时间线最低不少于10天，并且需说明投标人必须在哪些天里采取行动（要求在暂停期内额外进行报告），采购签约当局（通知所有投标人授予决定并完成额外要求的报告）必须在签署合同前（假设没有正式提出的法律异议）必须遵守最低期限的规定。

但在公共领域，项目评价的信息最难获得。在很多国家，对PPP合同履行情况进行公共监督仍然颇为烦琐困难，乃至根本不可能。

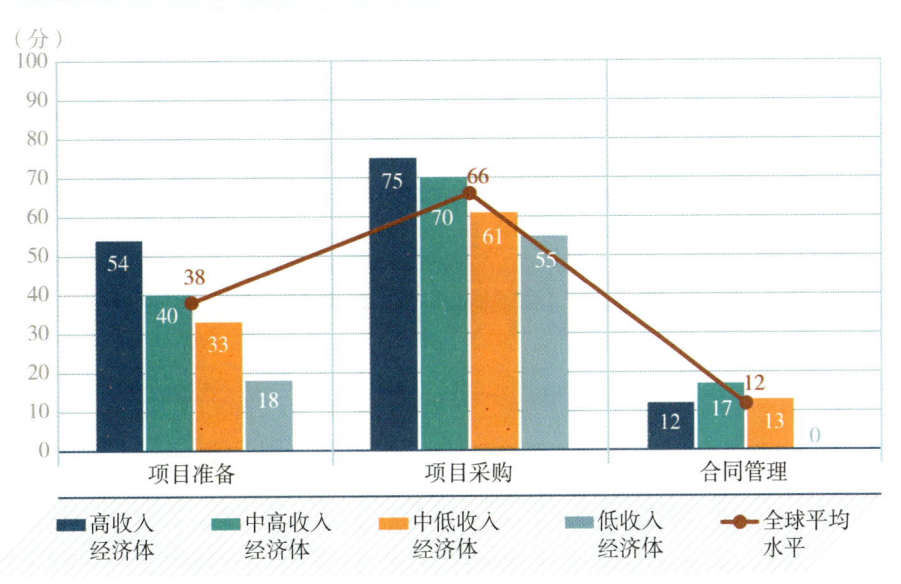

图12　透明度得分，按地区和收入水平分组（分值1~100）

注：PPP=政府和社会资本合作。
资料来源：《基础设施PPP采购报告2018》。

在不同的收入水平组中，在是否遵守透明度良好实践方面，还有一个显著差异。图12表明，收入水平越高的组，其在透明度实践方面的表现也越好——当然在项目准备和合同管理阶段，各收入水平组都有很大的改进空间。在项目准备阶段，高收入经济体的透明度平均得分为54分，低收入组只有18分。在各收入组中，透明度得分最低的为合同管理阶段，高收入国家平均得分仅为12分，中高收入国家为17分，中低收入国家为13分。在合同管理阶段，没有一个低收入国家遵循任一良好实践。

在准备阶段，在线公开项目评价和投标文件会更大程度上提高项目质量，让公众和投资者更有信心，并因此使风险最小化。尽管有这些好处，我们调查中只有22%的经济体在线公开准备阶段的评价文件。调查中超过一半的国家（60%）公开PPP招标文件，只有1/3的国家（36%）制定了标准化的PPP示范合同和/或交易文件（见图13）。

图13　PPP项目周期中的透明图（百分比，N=135）

项目准备阶段
- 在线公开关键论证　22%
- 在线公开招标文件　60%
- 标准化合同可公开获取　36%

项目采购阶段
- 公开PPP项目采购公告　99%
- 在线公开PPP项目采购公告　88%
- 公开PPP项目中标结果　93%
- 在线公开PPP项目中标结果　82%
- 公开PPP项目合同文件　48%
- 在线公开PPP项目合同文件　38%
- 公开PPP项目合同修订内容　30%

合同管理阶段
- 公开PPP项目建设信息　13%
- 在线公开PPP项目建设信息　10%
- 公开PPP项目绩效信息　14%
- 在线公开PPP项目绩效信息　14%

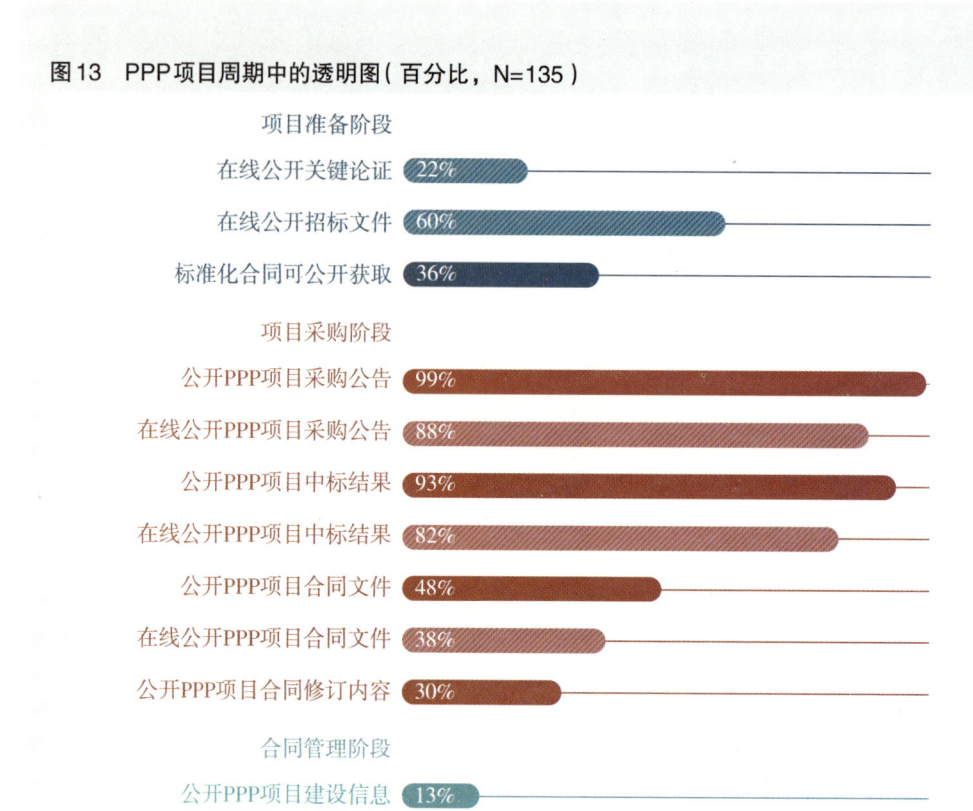

注：PPP=政府和社会资本合作。
资料来源：《基础设施PPP采购报告2018》。

在采购阶段，将关于遴选私人伙伴方面的主要决策信息的透明且公开广泛传播，可以使所有利益相关者都得到充分的信息。潜在的投标者能及时了解PPP项目什么时候会在市场上出现，遴选过程的结果是怎样得出的。更为重要的是，这些信息也会进入公共领域，促进对采购当局的问责，并防止腐败行为和草率决定。

除巴布亚新几内亚之外，所有我们调查的经济体都公开PPP采购公告，88%进行在线公开。我们调查的经济体中93%公开授予通知，82%进行在线公开（见图13）。公开PPP招标文件和授予通知是相对普遍的做法，而公开PPP合同则不然：只有48%的经济体公布PPP合同，38%

实现在线公开，公布合同修订内容的经济体更少（30%）。

在合同管理阶段，提高透明度的任务依旧艰巨。公开合同履约信息可以增加对所有利益相关者的问责。透明度可以确保项目产出预期的结果和符合质量要求的服务。但是，我们调查的经济体中只有一小部分（13%）允许公众根据PPP合同监测项目建设的过程和结果。只有10%的国家为此建立了在线平台且只有少量采购当局（14%）允许公众通过指定的在线平台或及时通过更新在线文件监督合同履行情况。

注： a 关于识别包含在基础设施PPP采购透明度评分中问题的方法更为详尽的描述在附录3中。

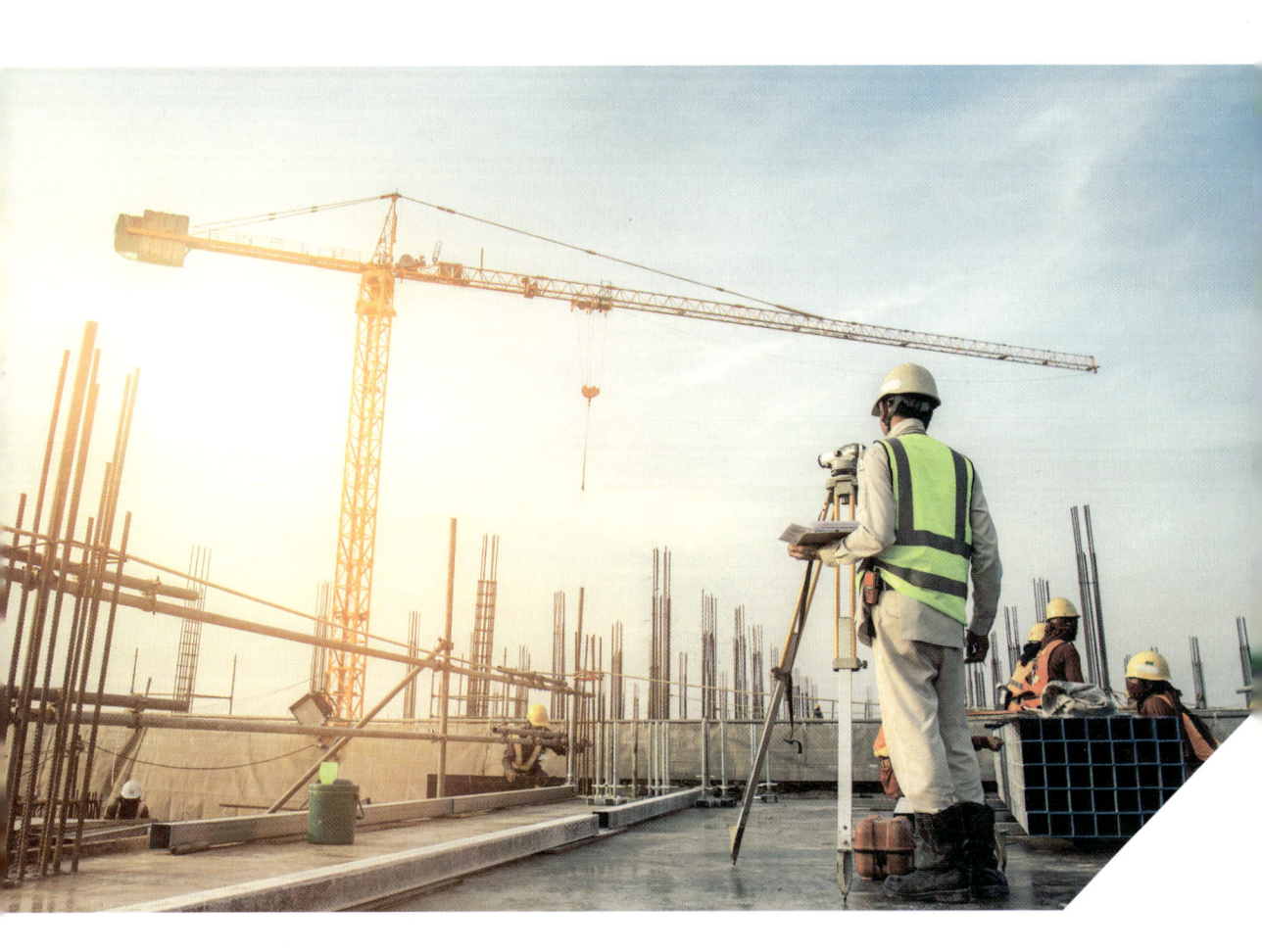

PPP合同管理

良好、合规的准备和采购阶段，只是一个需要长期投入的PPP项目走向成功的第一步。一旦签订PPP合同，到达融资交割阶段，项目的执行阶段就开始了。项目的执行是否成功将会决定项目是否能提供预期的物有所值效果。因此，建立一个完备的PPP合同管理制度来监管PPP合同的执行是至关重要的。

由于PPP项目周期长的特性，在起草PPP合同的过程中，应该考虑到在项目结束前任何可能发生的情况，应能够根据合同的条款来解决任何可能产生的问题。但是，由于不是所有的情况都能够被明确预见，在PPP合同中试图规制每一个潜在问题并不具备可行性。通过能在一定条件下满足特定需求的合同管理机制，和能清晰定义再谈判理由和机制的适当框架，一些未预期的情况应该能够得到处置。另外，为了达到透明度的要求，并为当事各方提供做出合理预期的根据，确定争议解决机制以及项目终止的具体效果是非常重要的。

《基础设施PPP采购报告2018》确认了合同管理阶段的重要性，并对以下方面进行了评估。比如，监管框架和普遍遵循的做法所能提供的监督程度；对社会资本方股权结构变化的管理机制；PPP合同的再谈判；争议解决的模式；以及债权人的介入权[1]、合同终止及其后果等合同中的重要组成部分。适用于PPP合同管理的良好实践被归纳在下方的框格6中。

框格6　PPP合同管理：《基础设施PPP采购报告2018》中所列的良好实践

确保PPP项目成功执行和移交的良好实践如下：
> 采购主体应系统地管理PPP合同的执行，包括建立PPP合同管理小组，并在采购阶段时就应该让一些合同管理小组的成员参与项目；应建立PPP实施手册制度（implementation manuals）和风险减缓机制。

> 采购主体应建立相应的制度，根据PPP合同跟踪项目进度和建设工程的完成情况，并将相关信息予以公开。

> 应建立监测和评估制度，在建设阶段完成后评估PPP合同的执行情况，并公开有关信息。

> 不应禁止外国企业将从PPP项目运营产生的收入汇出本国。

> 对社会资本方的股权结构可能发生的变化应有明确监管，应要求替代原股东的实体至少具备与原先的社会资本合作方同等的资格条件。

> 对合同的变更和再谈判应有明确监管，减少社会资本方或者采购主体利用这些变化采取机会主义的行动。

> 应对合同期内可能出现的特定情况（包括不可抗力、重大政府不利行为、法律变更、再融资等）进行监管。

> 应建立争议解决机制，允许当事各方以有效和令人满意的方式解决争议，不对项目造成负面影响。

1　债权人的介入权指根据PPP合同或相关法律，债权人有权在特定情况下取得对项目的控制权。介入权对于有限追索融资来说颇为合适。在有限追索融资中，债权人在收回项目资产方面受到限制。

› 当存在社会资本方不履约或者PPP合同因不能满足服务义务而面临终止的风险时，债权人应有介入权。

› 应明确界定PPP合同终止的依据以及相关后果。

本报告的数据显示了不同的区域和收入组别在PPP合同管理平均得分上的差异（见图14）。拉美和加勒比地区得分最高，接下来是OECD高收入经济体。在这个问题上，所有地区内部的差异都很大，比如在东亚和太平洋地区，最低的分数只有9分，最高的分数则有88分。与此形成对照的是，跨地区的差异很小。领先地区（拉美和加勒比地区）的平均分（63分）只比表现最差地区（东亚和太平洋地区）高17分，而当数据按照收入水平分组时，可以看出一个明显的规律，即收入水平越低，平均分越低。

图14 PPP合同管理，按地区和收入组别评分（N=135）

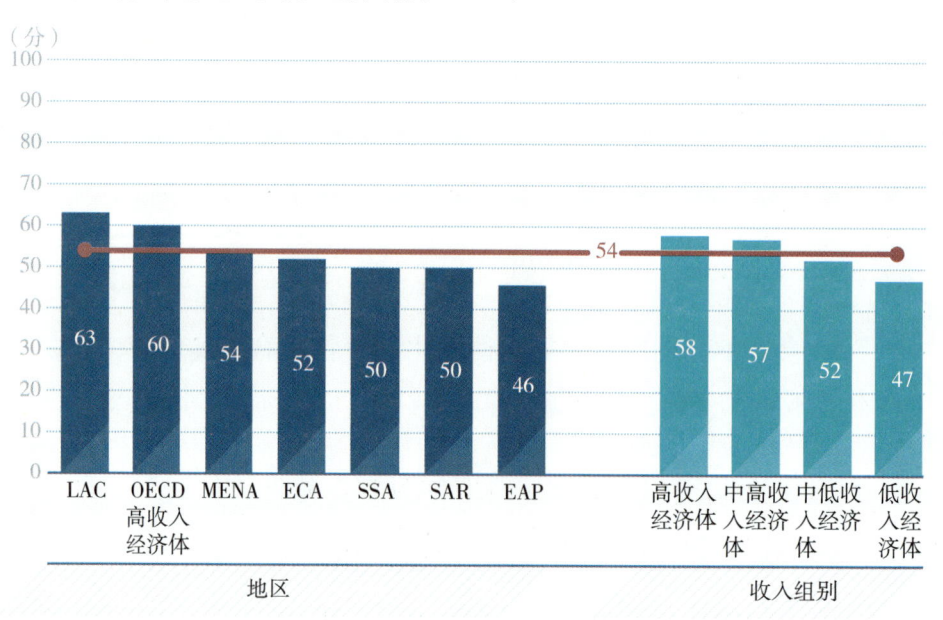

地区	分数	收入组别	分数
LAC	63	高收入经济体	58
OECD高收入经济体	60	中高收入经济体	57
MENA	54	中低收入经济体	52
ECA	52	低收入经济体	47
SSA	50		
SAR	50		
EAP	46		

平均：54

注：ECA=欧洲和中亚，EAP=东亚和太平洋，LAC=拉美和加勒比，MENA=中东和北非，PPP=政府和社会资本合作，OECD=经济合作与发展组织，SAR=南亚，SSA=撒哈拉以南非洲。

资料来源：《基础设施PPP采购报告2018》。

下一节的重点是PPP合同的再谈判和PPP合同的提前终止，这是PPP项目中必须加以监管，以使项目达成预期效果并实现物有所值的部分。

PPP合同的再谈判或者变更

可预见性对于PPP合同的所有当事人来说都非常重要，而一定的灵活性也同样重要。当采购项目的一些要素发生变化时，PPP合同的灵活性使其能够包容这些变化，而且最好是能够在合同内建立的内部机制中将其妥善解决，否则，当绝对必要时，应相应地修改合同。"再谈判"这个术语指的是变更合同条款，而非通过合同本身的内部机制进行调整。[1] PPP合同内在的不完整性意味着，有时候必要的再谈判可以产生积极的结果。尽管如此，对再谈判应作出限制，以防止机会主义行为。[2] 考虑到PPP项目的合作特点，这些修改应该在保护所有利益相关者的权利和义务以及公共利益的基础上进行权衡。采购单位单方变更合同或者任意做出决断会损害PPP的合作基础，损害社会资本方的合理预期。这不仅会妨碍当前的项目，还会对未来的项目造成危害。因此，PPP合同中应该包含强有力的遏制手段防止采购单位滥用权力，还应当包括相应的管理措施。

在接受评估的经济体中，只有约15%没有对PPP合同变更进行监管。[3] 其中包括亚美尼亚、黎巴嫩、马拉维、巴布亚新几内亚和汤加等国，采购单位对合同变更有自由裁量权。地区间有很大的差异：在OECD高收入经济体中，97%的经济体都对PPP合同变更问题进行了监管，而在东亚和太平洋地区，只有67%的经济体对其设立了规定（见图15）。

在这85%的经济体中，对PPP合同变更的监管手段有所不同。其中57%的经济体在监管框架中有详细规定，比如对改变PPP合同的范围、改变经济平衡、修改已确定的风险分配方式进行限制。保加利亚、拉脱维亚、马里、墨西哥、新西兰、秘鲁、菲律宾、塞尔维亚等国即在此列。剩余的43%则认为再谈判是一个合同问题，应该允许当事人通过合同协议进一步规制相关问题。贝宁、布隆迪、印度尼西亚、吉尔吉斯斯坦共和国、马其顿、东帝汶和土耳其等国采取了这种做法（见图16）。

1　World Bank PPP Reference Guide 3.0, 3.6.3, Dealing with Change, P. 184.

2　Guasch 2014.

3　亚美尼亚、阿塞拜疆、波斯尼亚和黑塞哥维那、乍得、刚果共和国、厄立特里亚、加蓬、危地马拉、黎巴嫩、马拉维、马来西亚、缅甸、巴基斯坦、巴布亚新几内亚、卢旺达、所罗门群岛、索马里、瑞士、汤加和津巴布韦。

图15 对再谈判的监管，按地区分组（百分比，N=135）

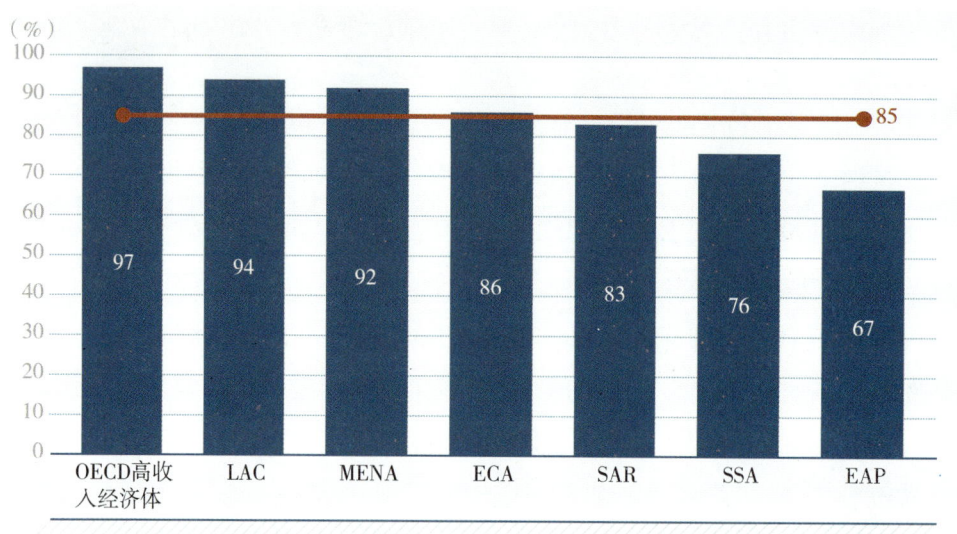

地区	百分比(%)
OECD高收入经济体	97
LAC	94
MENA	92
ECA	86
SAR	83
SSA	76
EAP	67

平均值：85

注：ECA=欧洲和中亚，EAP=东亚和太平洋，LAC=拉美和加勒比，MENA=中东和北非，PPP=政府和社会资本合作，OECD=经济合作与发展组织，SAR=南亚，SSA=撒哈拉以南非洲。

资料来源：《基础设施PPP采购报告2018》。

欠缺再谈判的标准化条款对于PPP合同的当事人来说意味着再谈判的方式具有特殊性，且缺乏一致性。这个缺陷可以通过标准化PPP合同来解决，在对当事人的再谈判起指引作用的同时又保留一定的灵活性，以满足项目的具体需求。但是，在把再谈判看作合同问题的国家中，只有14%明确使用了标准化合同，包括印度、日本、哈萨克斯坦和南非。

图16 对再谈判的监管方法

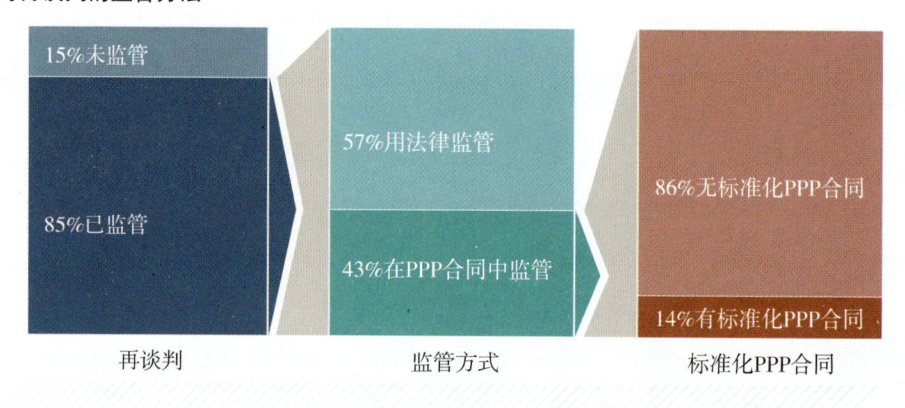

再谈判：15%未监管，85%已监管

监管方式：57%用法律监管，43%在PPP合同中监管

标准化PPP合同：86%无标准化PPP合同，14%有标准化PPP合同

注：PPP=政府和社会资本合作。

资料来源：《基础设施PPP采购报告2018》。

PPP合同的变更也可以通过其他方式来保障。在项目执行阶段，健全的PPP合同修订规则应该包含透明的审批程序和机构之间的协作，这能保证在合同再谈判中采购单位不会拥有单方面的自由裁量权。

审批措施确保了项目产出免受不加限制的再谈判过程的影响。在对PPP合同变更的问题上有所限定的经济体中，55%要求合同变更需要经过政府而非仅仅采购单位的审批。有35%要求在合同变更会使公共部门承担的直接财政责任增加的情况下，由财政部审批。克罗地亚就是这种情况。[1]吉布提在对PPP合同变更的机构审批方面走得更远，要求采购单位先做预批准，然后在PPP专责单位确定合同变更不会改变项目的性质或对项目的核心特征产生重大影响后，提交部长理事会批准。[2]在厄瓜多尔，所有对合同的修订都需要一个名叫"政府和社会资本合作跨机构委员会"（the Comité Interinstitucional de Asociaciones Público-Privadas）的跨部门委员会进行审批。[3]在尼加拉瓜，因为任何PPP合同修改都需要经过法律批准，所以合同修改还需由国会审批。

框格7　PPP合同的单方面变更

PPP合同当事人在合同签订后，可以通过协商达成一致对PPP合同协议进行修改，监管制度也可以允许采购单位进行单方面的修改，但是必须对这种单方面修改进行限制，并且只有在特定情况才可以进行修改。限制条件包括必要的外部审批、对合同进行实质性重大修改的限制，以及当修改合同给社会资本方带来损失时需提供的补偿。[a]在接受评估的135个经济体中，有24%（33个）允许对PPP合同进行单方面变更。在这个问题上存在着明显的地区差异。东亚和太平洋地区以及南亚地区没有一个经济体允许单方面变更，而拉美和加勒比地区经济体中56%都允许单方面变更（见图17）。绝大多数（94%）允许单方面变更的经济体都对这项特别权利施加了限制，而布隆迪和喀麦隆则对单方面合同变更没有规定明确的限制或设置审批程序作为保障。

1　克罗地亚《PPP法案》第19条。捷克共和国《公共采购法案》第186（1）条要求做类似的审批。

2　吉布提《PPP法》第43条。约旦（《PPP法》第14条）和乌干达（《PPP法案》第26（8）节）也要求由内阁批准。

3　厄瓜多尔《PPP条例》第8条。

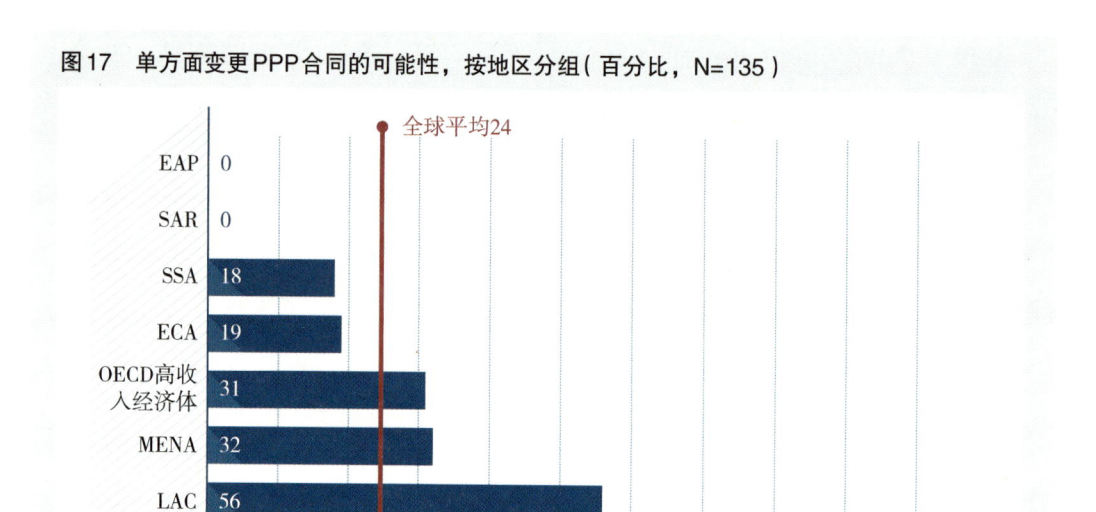

图17　单方面变更PPP合同的可能性，按地区分组（百分比，N=135）

地区	百分比
EAP	0
SAR	0
SSA	18
ECA	19
OECD高收入经济体	31
MENA	32
LAC	56

全球平均24

注：OECD=经济合作与发展组织，ECA=欧洲和中亚，LAC=拉美和加勒比，SSA=撒哈拉以南非洲，MENA=中东和北非，EAP=东亚和太平洋，SAR=南亚。

资料来源：《基础设施PPP采购报告2018》。

　　大陆法系的经济体，例如阿尔及利亚、哥伦比亚、哥斯达黎加、法国、哈萨克斯坦和塞内加尔，经常参照行政法原则，允许进行单方面变更。另外，比如乌拉圭，PPP合同中规定了采购单位有权在原先项目预算的20%的范围内单方面修改PPP合同。[b]在多哥，修改合同时应该考虑"采购单位需求的变化、技术创新或社会资本方获得融资的条件的变化"。[c]而在西班牙，若是出于公共利益，可以单方面修改合同，但要保持合同的经济平衡。[d]在沙特阿拉伯，对合同内包含的工程的修改以及增加或减少承包商的义务属于"政府机构的职权范围"，但有一定的保障措施。当行使这些权力时，采购单位必须保证这部分额外工程必须在合同的范围之内，这些修改是为公共利益而服务的，并且还要保持合同的经济平衡，保证合同性质不变。[e]

注：a　在罗马尼亚，如果修改和撤销导致损失，社会资本方有权根据PPP合同中确定的规则要求公平补偿。参见《PPP法》第35（3）条。

　　b　乌拉圭《PPP法》第47条。

　　c　多戈2014法第21（12）条。

　　d　TRLCSP法第249条（第250条对其有补充）。

　　e　《执行采购条例》第58条。

PPP合同的终止

合同中的工程以令人满意的方式完成,合同约定的期限到期,这是PPP项目的常规终止方式。尽管如此,在某些情况下PPP合同也可能提前终止,包括一方或双方未履行合同义务的情况,以及双方当事人都没有过错的情形。[1]提前终止合同或单方面终止合同的理由及其后果应该明确地规定于合同中。考虑到代价高昂,提前终止合同应该作为最后的手段。[2]除了16个经济体(占总数的12%,包括安哥拉、缅甸和尼日利亚)以外,受评估经济体的PPP监管框架中都对PPP合同提前终止作了规定。[3]

大部分经济体(65%)除了对合同终止的条件做出规定外,还规定了其后果,阿尔巴尼亚、吉尔吉斯斯坦、毛里求斯、黑山、巴拉圭和罗马尼亚就属于这种情况。而没有进一步规定合同终止的后果的经济体有白俄罗斯、厄瓜多尔、老挝人民民主共和国以及卡塔尔。既规定合同终止的条件又规定其后果的经济体数量最多的组是OECD高收入经济体,而东亚和太平洋地区中同时规定这两个问题的经济体最少(见图18)。

某些经济体选择在PPP合同协议中规定合同终止的情形及其后果。比如阿根廷,法律尊重PPP合同中对合同终止及其后果的规定,而法律只规定合同中应该具备哪些基本方面。阿塞拜疆则是由PPP合同对合同终止的所有依据进行规定,但没有提及合同终止的后果。[4]

当PPP合同的提前终止是一个合同性的问题时,可以采用专门的标准化合同帮助指引合同当事人。标准化合同设置了不同PPP合同中应该具备的最低标准。在24个将PPP合同终止的问题明确由合同进行规范的经济体中,只有25%制定了标准化合同来引导合同当事人拟订关于PPP合同终止的条款。

---

1 《PPP参考指南》第3版,3.6节"管理PPP合同",第155~156、186~187页。

2 EPEC 2011.

3 16个经济体没有明确地对PPP合同终止问题进行监管:安哥拉、亚米尼亚、孟加拉国、格鲁吉亚、加纳、洪都拉斯、马拉维、缅甸、巴布亚新几内亚、沙特阿拉伯、所罗门群岛、瑞士、东帝汶、汤加,以及特立尼达和多巴哥。此外,奥地利、克罗地亚、厄立特里亚、爱沙尼亚、埃塞俄比亚、马来西亚、斯里兰卡按照普遍实践来监管PPP合同终止,对此类情况没有监管规定。

4 阿塞拜疆法令第3.1.20条。

在新西兰，《PPP项目合同标准格式》明确了终止合同的依据及其后果，包括因为公共部门或私人部门的原因而终止的情形，或者双方当事人都没有过错的情形。[1] 印度《特许经营示范协议》采用了相似的方法，并进一步设置了合同终止时的赔偿门槛。[2]

图18 监管PPP合同终止的条件及其后果，按地区划分（百分比，N=135）

地区	对PPP合同终止的条件进行监管	对PPP合同终止的后果进行监管
OECD高收入经济体	97	76
MENA	92	75
ECA	90	62
LAC	89	61
SSA	88	68
SAR	83	50
EAP	67	47

注：OECD=经济合作与发展组织，ECA=欧洲和中亚，LAC=拉美和加勒比，SSA=撒哈拉以南非洲，MENA=中东和北非，EAP=东亚和太平洋，SAR=南亚。

资料来源：《基础设施PPP采购报告2018》。

根据不同条件，PPP合同可以被终止，各经济体通常都对这些条件有明确的规制。终止条件的范围可以从社会资本方未能履行义务到公共部门持续性地违反其付款义务。其他的一些条件可能与任一方当事人无关，比如不可抗力，但也应该对此作出相关规定。另外，公共秩序或利益也是公共部门经常援引的一个单方面终止PPP合同的理由，如哥伦比亚、加蓬、伊拉克、哈萨克斯坦、毛里求斯、尼日尔和塞内加尔就属于此种情形。但是，频繁行使单方面终止的权力会损害私人投资者对PPP市场的信心。[3] 提前详细列出PPP合同终止的依据及其后果可以提高PPP项目利益相关者的信任水平，减少

---

[1] 《新西兰政府财政部PPP项目协议标准格式》第19部分。

[2] 印度《特许经营示范协议》第37条。

[3] 《PPP合同中的终止和不可抗力条款》，欧洲PPP专家中心（2013年3月），第20页。

PPP项目的不确定性，减少风险溢价，从而提高项目的物有所值。[1]

一旦合同终止，不管是按期还是提前终止，都会产生许多后果，比如货币补偿或者项目移交。在合同中列明这些后果可以保证当公共部门决定终止合同时，社会资本方不会处于一个不合理的劣势地位。另外还有助于保证合同终止后该项目继续向公众提供服务。在很多经济体中，合同终止的后果都包括对技术、建筑及设备的移交、按照工程的公允价值进行补偿，以及服务提供的连续性等事项的安排。贝宁[2]就是这种情况，而布基纳法索甚至规定在提前终止的情况下要对政府机关的人员进行培训。[3]有些经济体对赔偿规定得很详细：在意大利[4]、巴拉圭、菲律宾和乌拉圭，法规中规定了合同终止后赔偿金的计算方式。哥伦比亚还建立了一个数学公式来计算PPP合同提前终止时双方的相互利益，无论是协商一致终止还是单方面终止。[5]

---

1 《PPP合同中的终止和不可抗力条款》，欧洲PPP专家中心（2013年3月），第10页。
2 贝宁《PPP指南通知》（2014年6月2日法令第2014-349号）第3.2.2节和第7节。
3 布基纳法索《PPP法令》第63条。
4 关于意大利，参见《公共合同法典》第176（4）条。
5 哥伦比亚《PPP法》第32条。

社会资本发起的项目

社会资本发起的项目（unsolicited proposals，USP）是政府发起基础设施建设项目的补充。由社会资本根据具体项目向政府提出开发方案，而不需政府先识别并评估项目是否需要且适合运用PPP模式。近年来，社会资本发起项目的模式使用越来越广泛。根据世界银行私营部门基础设施参与情况（PPI）数据库的信息，[1]在《基础设施PPP采购报告2018》涵盖的中低等收入水平经济体中，约4%的基础设施项目是未经政府明确要求，由社会资本主动发起的。私营企业（通常是开发商、供应商和/或金融机构）先提供资金研究项目基本的技术要求，再向相关政府部门申请审批。

---

[1] 私营部门基础设施参与情况数据库（https://ppi.worldbank.org/）。

考虑到社会资本发起项目的性质，将其日益作为替代性采购方式引起了公共基础设施从业者的极大关注。理论上说，通过使用社会资本发起项目的模式，政府能从社会资本的知识和创新中获益。但是，社会资本发起项目的模式也会带来挑战，例如，使公共资源偏离政府的战略计划和优先事项，无法吸引竞争，最终可能导致腐败。[1] 随着社会资本在满足基础设施所需数十亿美元的投资需求上发挥日益重要的作用，也要在许可社会资本发起可行、必要的基础设施项目，项目的公益性和实现物有所值三者之间找到平衡。

为保证社会资本发起项目的潜在优势，将其风险降至最低，政府应遵循一系列良好实践。首先，政府需要考虑是否将社会资本发起的项目纳入PPP项目中。如果决定使用社会资本发起项目的模式，政府应为其设置具体的核心目标。负责任的政府应评估被提交的社会资本发起的项目的效益：对拟议项目是否有需求，项目是否与国家基础设施优先事项符合，能否满足实际的社会、经济需求，以及社会资本发起的项目是否尚未在政府PPP项目库中。[2] 其次，如判定使用社会资本发起的项目有正当性，政府应启动透明、竞争性的采购程序，从社会资本发起项目的发起人和其他投标者中选定中标人，确保实现物有所值。社会资本发起项目的相关良好实践清单见框格8。

框格8　社会资本发起的PPP项目：《基础设施PPP采购报告2018》中评分的良好实践

在社会资本发起项目的采购过程中，确保透明度和竞争性的良好实践包括：
› 采购部门评估社会资本发起项目的优势，确保其与政府投资的优先事项一致。
› 在对社会资本发起的项目进行完整评估前，先进行审查和/或预可行性分析。
› 如判定采用社会资本发起项目的方式有正当理由，采购部门应采

---

[1] 世界银行 2017b.

[2] 世界银行 2017b.

用竞争性采购程序选择社会资本合作方。
› 采购部门应给所有潜在投标方（包括社会资本发起项目的发起人）至少90天的时间准备提交建议。

本报告的数据揭示了社会资本发起项目的平均得分的地区和收入组别差异（见图19）。OECD高收入经济体、南亚、拉美和加勒比地区显著高于其他地区。东亚和太平洋地区平均得分最低，而拉美和加勒比地区各经济体得分波动最大，最低13分，最高100分。按照收入水平对数据分类后发现一条明显规律：收入越高，社会资本发起项目的平均得分越高。

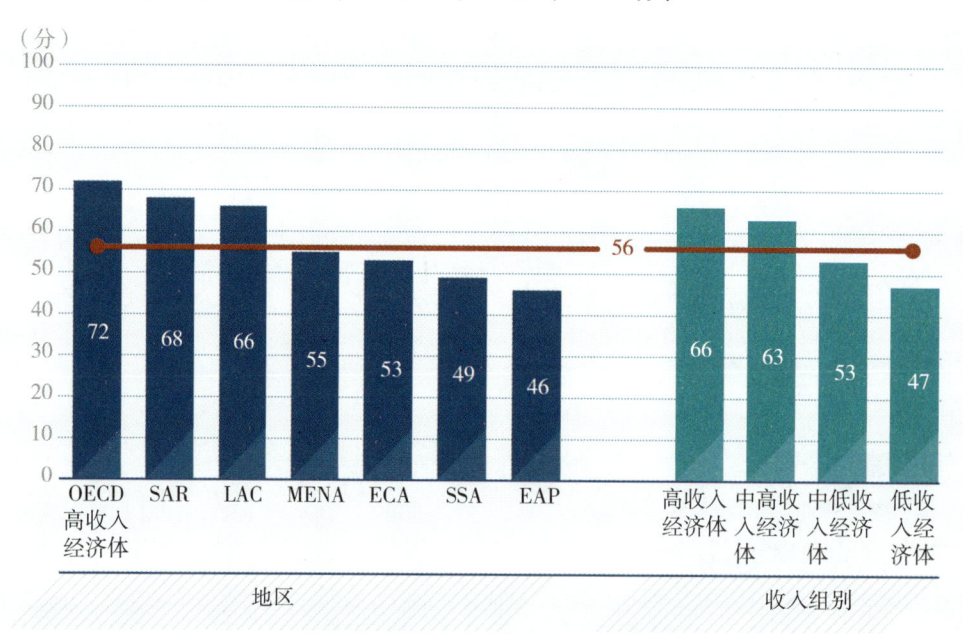

图19 社会资本发起项目的平均得分，按地区和收入分组（1~100分）

地区	分数	收入组别	分数
OECD高收入经济体	72	高收入经济体	66
SAR	68	中高收入经济体	63
LAC	66	中低收入经济体	53
MENA	55	低收入经济体	47
ECA	53		
SSA	49		
EAP	46		

平均：56

注：ECA = 欧洲和中亚；EAP = 东亚和太平洋；LAC = 拉美和加勒比；MENA = 中东和北美；PPP=政府和社会资本合作；OECD=经济合作与发展组织；SAR= 南亚；SSA = 撒哈拉以南非洲。
资料来源：《基础设施PPP采购报告2018》。

《基础设施PPP采购报告2018》涵盖了与社会资本发起项目相关的大量数据，包括公共部门对社会资本发起项目的方式的评估以及对原始发起方的补偿机制。本节将聚焦两个重点领域：一是对不同的社会资本发起项目的监管框架的分析；二是考察社会资本发起项目的招标程序和潜在投标人准备并投标过程所需最短时限。

社会资本发起项目的监管框架

《基础设施PPP采购报告2018》涉及的135个经济体在监管社会资本发起的项目方式上存在显著差异。图20表明，本报告涉及的57%的经济体中，其监管框架明确允许采取社会资本发起项目的方式，并对其进行监管。如澳大利亚、智利、加纳和日本。相反，3%的经济体（即博茨瓦纳、克罗地亚、德国和印度），其监管框架明确禁止采取社会资本发起项目的方式。本报告涉及的40%的经济体中，其监管框架未论及在何种情况下社会资本可向政府提议发起基础设施项目。根据当地受访者的反馈，多数情况下，实践中不存在社会资本发起的项目。事实上，尽管监管框架中并未明确禁止社会资本发起项目，缺乏具体规定可以被理解为在实践中是禁止的，因为在一些经济体中PPP采购仅限于有明文规定的情况。加拿大、英国和大部分欧盟经济体就是此种情形。

根据当地受访者反馈，对社会资本发起项目的方式未做规定的经济体中有24%（等同于经济体总数的10%）仍然在实践中存在社会资本发起的项目，例如乍得、缅甸、特立尼达和多巴哥。在这些经济体中，没有明确适用的监管框架可能无法确保充分性、透明度和公平性的采购规则。这可能导致开发的项目不符合公众利益。

图20 社会资本发起项目的监管框架（百分比，N=135）

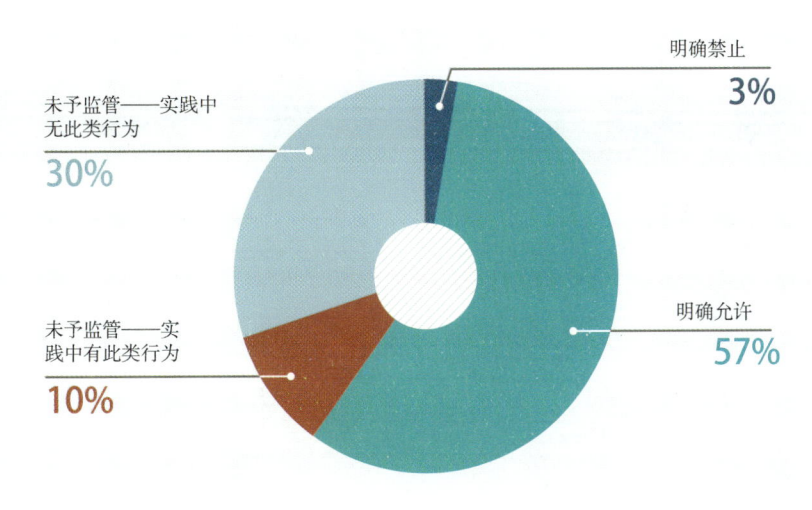

- 明确禁止 3%
- 未予监管——实践中无此类行为 30%
- 未予监管——实践中有此类行为 10%
- 明确允许 57%

资料来源：《基础设施PPP采购报告2018》。

社会资本发起的项目在不同地区有不同的监管方法。图21显示，南亚83%的经济体明确允许采取社会资本发起项目的模式。相反在东亚和太平洋、中东和北美地区的经济体中，分别只有47%和50%明确允许采取社会资本发起的方式。另外，尽管无明文规定（20%），实践中社会资本发起项目的情况在东亚和太平洋地区的经济体中最广泛。根据世界银行2017年出版的《社会资本发起基础设施项目管理政策指南》，[1]"许多政府缺乏从头到尾成功开发项目的技术知识和经验，或者缺乏雇佣外部顾问支持项目开发及采购的资金资源。公共部门能力有限的国家通常依赖社会资本发起项目中的发起人开发项目，作为回报，社会资本发起项目的发起人通常期望项目能授予它们来开发。"可想而知，低收入经济体，如阿富汗、几内亚和乌干达的监管框架更可能允许采用社会资本发起项目的方式。相反，在大多数（62%）高收入的经合组织国家，监管框架无相关规定，实践中也未出现社会资本发起项目。

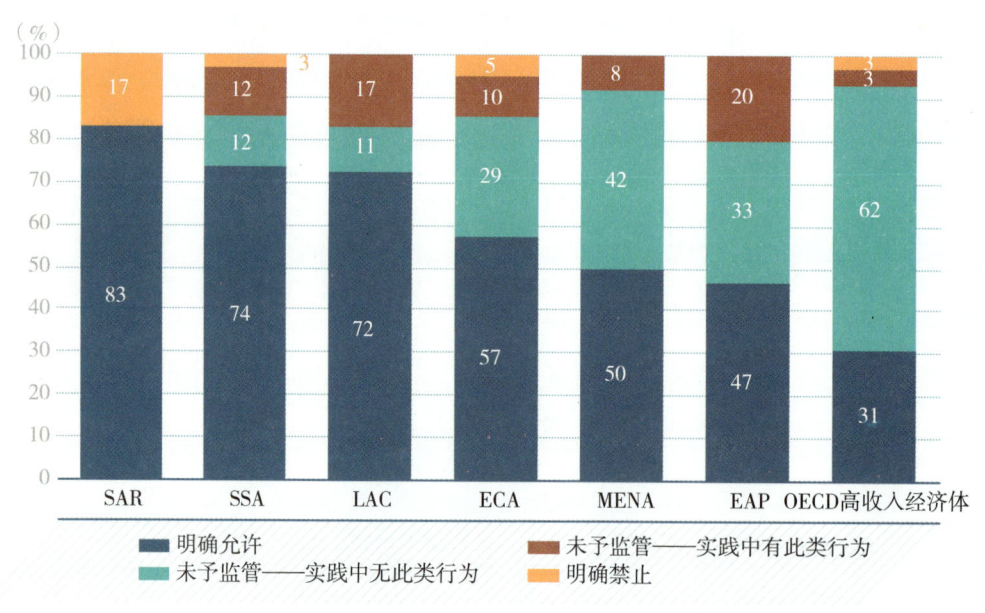

图21 社会资本发起项目的监管框架，按地区分组（百分比，N=135）

注：因四舍五入，图中有些数字加总可能不是100%。ECA = 欧洲和中亚；EAP = 东亚和太平洋；LAC = 拉美和加勒比；MENA = 中东和北美；PPP=政府和社会资本合作；OECD=经合组织；SAR= South Asia；SSA = 撒哈拉以南非洲；USP=社会资本发起的项目。

资料来源：《基础设施PPP采购报告2018》。

---

[1] 世界银行 2017c.

竞标和最短截止期

政府可通过清晰、全面的竞争程序来评估和管理社会资本发起的项目，政府由此可以降低来自社会资本和特殊利益集团要求采纳社会资本发起的项目的压力。此外，竞争性的社会资本发起项目招标程序更可能形成结构合理的PPP合同，最大程度实现物有所值。[1] 缺乏透明度、不采用竞争程序会增加腐败风险，并可能开发不合适、低质量的项目，物有所值水平很低。[2]

有趣的是，所有明确允许社会资本发起项目或在实践中采用社会资本发起项目方式的经济体都要求政府发起的PPP项目采用竞争性程序，[3] 但这其中只有83%的经济体要求通过竞争机制采购社会资本发起的项目。不需要竞争性程序采购社会资本发起的项目的经济体包括刚果共和国、几内亚和摩尔多瓦。此外，不同收入水平组别间的差异令人担忧；低收入和中低等收入经济体更可能不要求竞争性程序。不要求通过竞争性程序采购社会资本发起的项目的经济体还包括乍得、卢旺达（低收入国家），以及吉布提和越南（中低收入国家）。

约66%采用社会资本发起项目方式的经济体要求给其他投标人（非发起项目的投标人）留出准备和提交投标的最短时限，包括中国、科特迪瓦、哈萨克斯坦和菲律宾。为投标人留足时间准备并提交投标至关重要，尤其是当项目最早是以社会资本发起方式发起时。否则，原始发起人将在竞争性招标过程中享有不公平的优势。因此，在这种情况下，政府至少应采取与常规采购程序相同的政策或时间。有趣的是，7%采用社会资本发起项目方式的经济体，包括加蓬、巴布亚新几内亚和多哥，都未给投标人按正常竞标程序或社会资本发起项目的程序投标设置最短截止期。在柬埔寨，政府给投标人设置了准备社会资本发起项目投标的最短截止期，但具体时限长短由采购机构确定。

1　世界银行 2017b.

2　Hodges 和 Deliacha 2007.

3　世界银行 2017b.

最短截止期（minimum period）指的是自招标文件开始发出之日至投标人提交投标文件截止之日间的时间间隔必须大于某个时限。[1]根据世界银行《社会资本发起基础设施项目管理政策指南》，如果开放投标的时间太短，原始社会资本发起项目的发起人将在提交标书方面获得优势，并可能通过打消其他发起人参与竞争、提交额外建议的积极性这样会遏制竞争。此外，指南指出，"竞标人必须有充分的竞标准备时间，并可平等且及时地获取项目相关的所有信息。"[2]指南也指出，在给其他竞标者留出60天时间来按要求准备投标的经济体中（如菲律宾），大多数以社会资本发起的项目仍由原始发起人中标。[3]此外社会资本强调，他们至少需要3~6个月的时间才能"认真准备一套有竞争力的方案"。[4]但是，只有12%的经济体（如牙买加、韩国和坦桑尼亚）给其他投标人留出90天以上的竞标时间。最常见的选择（31%的经济体，包括尼日利亚、乌克兰和乌拉圭）是将最短截止期设置为30~59天。对于其他发起人来说，这么短的竞标准备时间可能不够充裕。世界银行指南指出，"为参与竞争的投标人提供短暂的投标提交时间（通常少于6个月）将限制竞争。"然而，只有一个经济体（哥伦比亚）留给投标人6个月（180天）的最低法定时限准备投标。

最后，考虑到原始发起人在准备方案和招标文件时有先发优势，世界银行指南建议，与普通的PPP项目程序相比，走社会资本发起项目的程序应给其他发起人至少相同的准备时间，甚至更多。但是，如图22所示，当项目按社会资本发起方式发起并进入采购程序时，48%的经济体留给社会资本发起项目的投标人的最短时间少于常规PPP项目的采购程序，包括尼日利亚（30天而不是42天）和菲律宾（60天而不是90天）；只有11%的经济体给社会资本发起的项目留出更多时间，包括牙买加（90天而不是30天）、美国弗吉尼亚州（120天而不是60天）和俄罗斯（45天而不是30天）。

---

[1] Hodges 和 Deliacha 2007；世界银行 2017b.
[2] 世界银行 2017b，2017c.
[3] 世界银行 2017b，2017c.
[4] 关于方法改变的进一步细节可参阅本报告网址：http://bpp.worldbank.org。

图22 常规程序和社会资本发起的项目程序最短截止期的比较（百分比，N=90）

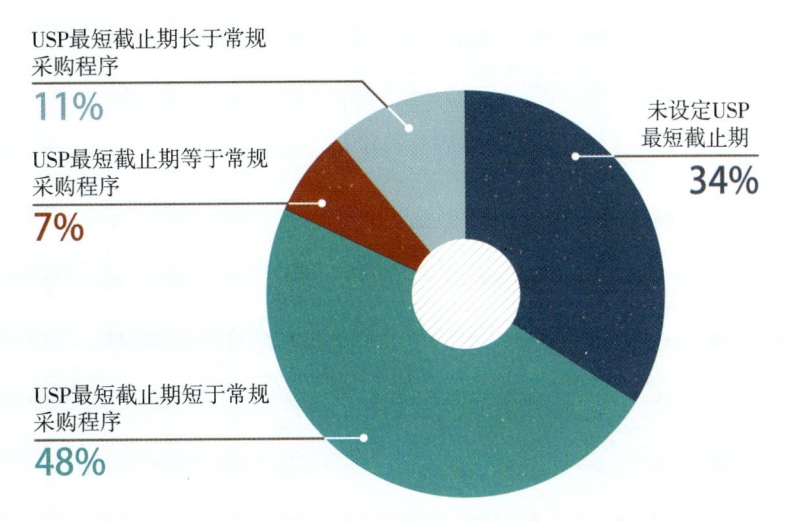

- USP最短截止期长于常规采购程序 11%
- USP最短截止期等于常规采购程序 7%
- USP最短截止期短于常规采购程序 48%
- 未设定USP最短截止期 34%

注："社会资本发起的项目最短截止期等于普通PPP项目"类也包括在法规中对普通采购程序和竞争性采购程序的最短截止期有规定的经济体，但未明确具体时间。"社会资本发起的项目最短截止期长于普通PPP项目"类也包括对社会资本发起的项目设置最短截止期，但未对政府发起项目设置最短截止期的经济体。USP=社会资本发起的项目。

资料来源：《基础设施PPP采购报告2018》。

结论与未来行动

《基础设施PPP采购报告2018》揭示了本次评估期内，被评估的135个国家中大多数国家的PPP监管框架均有很大的改进空间。此外，群组的收入水平越低，在四个被评估的主题领域：项目准备、项目采购、合同管理和管理社会资本发起的项目中，其表现也越差。但值得注意的是，项目准备和合同管理是各个收入水平的群组都表现最差的领域，各群组在采购透明度的实践方面表现也最差。

各地区的平均表现也相差很大。经合组织高收入经济体与拉美和加勒比地区在所有专题领域的表现都达到或高于平均水平。与此形成对照的是，撒哈拉以南非洲地区与东亚和太平洋地区的平均得分在各专题领域中最低。

在过去的十年中，许多被评估的经济体进行了某种形式的改革，影响了PPP的监管框架。而许多其他国家正在积极努力，改进其PPP监管。在被评估的135个经济体中，有76个正在进行改革，或计划在本报告截止日期（2017年6月1日）之后进行改革。

《基础设施PPP采购报告2018》旨在帮助各国政府确定可改进的领域，以实现更透明、更有竞争力、更高效的PPP采购体系，并提供全球评估结果，以便借鉴其他国家经验。

2018版已采纳前一版发布后收到的反馈信息，我们希望持续对其改进，使得下一版报告的分析更加有力。可以预计的是，本报告使用方法在未来版本中会有所改变。编写团队欢迎大家对今年报告中使用的方法反馈意见。

本报告的主题范围在未来几年可能会扩大。例如，可能会更加充分地考虑收集地方性项目及交通运输类（本次调查中的案例研究）以外的项目数据。

不断扩大所覆盖的经济体的地理范围始终是一种更为可取的做法。然而，今年的版本已经包括了在过去5年中，至少有一个基础设施PPP项目的所有新兴市场和发展经济体。因此，在这些经济体之外再扩大范围可能比较困难，因为缺少对PPP采购有足够经验的可扩展对象。

最后，虽然这份报告评估了PPP的监管框架，但其实最终目标是确定该框架对基础设施投资的影响。由于缺乏关于项目产出指标的数据，测量这种影响具有一定挑战性。这仍然是未来可以进一步研究的领域。

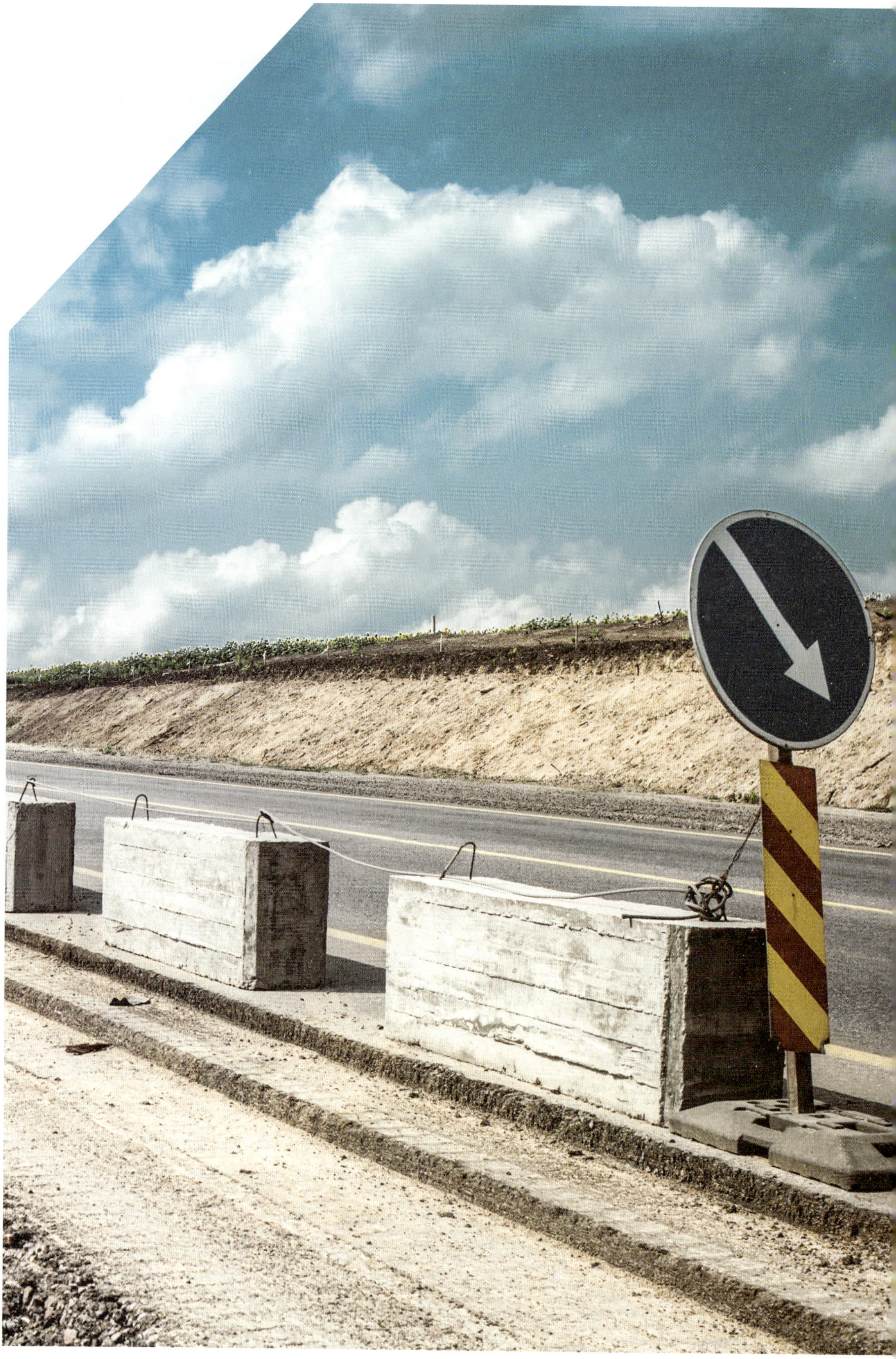

经济数据表

本部分提供各国在本报告评分的四个专题领域（PPP准备阶段、采购阶段、合同管理和社会资本发起的项目）中每一个领域的得分。此外，四个专题领域又分别包含了若干问题，我们将其答案展现在经济数据表中，以便发现需要改进的领域。表2总结了《基础设施PPP采购报告2018》评估和打分的领域。

得分范围在0~100之间。较高的分数表明经济体的监管框架在某一地区内更遵循国际公认的良好实践，而分数较低则表明存在相当大的改进空间，因为这些经济体未遵循本报告所评估的国际公认的良好实践。评估中的所有基准都根据评分方法给予相同的权重。评分方法的详细说明见附录1。

本报告并未对在准备阶段收集到的所有数据均进行评分。只有那些符合国际公认的良好实践的法规和做法才能得分。因此，缺乏国际共识的法规和实践不得分，收集此类信息仅用于提供相关背景。评分方法（见附录1）中明确选出一组问题，其评分标准也包括监管框架在实践中受到尊重的程度，评分依据是帮助设计和修改调查的受访专家所提供的内容。因此，值得注意的是，分数中所反映的评价有赖于受访专家提供的信息。本报告团队还根据参考文献中的监管文件对答案进行了交叉核对。然而，对于大多数经济体而言，鉴于受访专家数量有限，受访者库并不构成具有代表性的样本。因此，必须在这一限制的情况下理解评估受访者提供的答案，特别是在提及受访者的个人看法时。

此外，本报告仍在完善自身的方法。与2017版相比，评估的范围发生了重大变化。我们增加了新问题，并对其他几个问题进行了大幅度的重新表述。附录2中列出了本报告新增问题和重新表述的问题。因此，对得分变化，应谨慎解读，因为分数变化可能与监管改革无关，而仅仅因为评估范围发生了变化。因此，本报告的评分与2017版不具有可比性。

每个主题领域的评分中使用的数据，以及未评分的数据，都可以在项目网站（http://bpp.worldbank.org）上公开获得。该网站提供了每个经济体的完整数据包，包括问题的所有答案和调查表中包含的问题、子问题。除了提供更好的背景信息外，在涉及监管依据的时候，网站上的数据还提供了有关评估项的监管依据。这可以加深对每个经济体的PPP采购相关监管框架和实践的理解。

表2 《基础设施PPP采购报告2018》评估和打分的领域

PPP项目准备	PPP项目采购	PPP合同管理	社会资本发起的项目（USPs）
需经财政部或中央预算部门批准	评审委员会成员是否具备特定资质	PPP合同管理制度	对社会资本发起的项目的监管或禁止
PPP项目财政管理办法（PPP项目的预算、会计以及财务报表处理办法）	是否公开PPP采购公告、合同授予通知、PPP合同（包括后续修改）	PPP合同跟踪项目进展和完成情况的制度	是否对社会资本发起的项目进行评估
PPP项目与公共投资的优先顺序是否一致	是否允许外国公司参与PPP项目投标	是否在完成建设之后有PPP合同履约的监测和评估制度	是否对社会资本发起的项目进行审核程序或预可行性分析
是否针对社会经济影响方面进行PPP项目可行性评价	是否设置法定投标最短截止期（minimum period）	是否允许外国企业将收入返回国外	社会资本发起的项目与其他政府优先考虑的项目是否一致
是否针对财政承受能力方面进行PPP项目可行性评价	对PPP是否有多种采购程序	特殊目的载体股权结构变化	是否在授予社会资本发起的项目时采取竞争性PPP采购程序
是否针对风险识别方面进行PPP项目可行性评价	招标文件是否详细说明采购程序	PPP合同的变更或重新谈判	是否设置准备替代方案的时间
是否针对物有所值方面进行PPP项目可行性评价	招标文件是否明确资格预审和遴选标准	不可抗力、重大负面政府行为、法律变更、再融资和分包	
是否针对可融资性方面进行PPP项目可行性评价	是否有问题、澄清、标前会议以及答案和结果的披露	是否建立争议解决机制	
是否针对市场测试和/或评价方面进行PPP项目可行性评价	是否要求响应文件中包含财务模型	债权人是否有介入权	
是否针对环境影响方面进行PPP项目可行性评价	是否根据招标文件中的评价标准进行评价	PPP合同提前终止的条件和产生的后果	
项目采购或招标文件是否包含以上评价	是否对仅一家机构提交响应文件的情况设置相应措施		
项目采购文件是否包含PPP合同草案	是否向所有投标人公示采购结果		
是否在网上公开评价和招标文件	是否设置采购结果暂停（公示）期		
是否出台PPP标准合同	是否对合同授予到合同签署间的确认谈判进行限制		

注：PPP=政府和社会资本合作；USPs=社会资本发起的项目。

135个经济体得分情况（以中国为例）

中国【东亚与太平洋地区　人均国民收入（美元）：$8 250】

项目准备　　　　　　　　　　　　　　　　　　　　　　　综合得分：61

是否需经中央预算部门核准？	是	仅需在招标前核准。
是否出台PPP项目财政管理办法？	是	包含预算管理和会计核算办法。
PPP项目与公共投资的优先顺序是否一致？	是	未出台详细监管措施。
是否进行社会经济分析评价？	是	未出台针对指引。
是否开展财政承受能力论证？	是	已出台针对指引。
是否进行风险识别？	是	已出台针对指引。
是否开展物有所值评价？	是	已出台针对指引。
是否进行可融资性论证？	是	未出台针对指引。
是否进行市场测试和/或评价？	否	
是否开展环境影响评价？	是	财政部门未出台针对指引。
项目采购或招标文件是否包含以上论证？	否	
项目采购文件是否包含PPP合同草案？	是	招标文件在网上公开。
是否出台PPP标准合同或标准交易文件？	否	

项目采购　　　　　　　　　　　　　　　　　　　　　　　综合得分：82

是否要求评审委员会成员具备特定资格？	是	已针对专家资格资质出台详细监管措施。
实施机构是否对PPP公开采购发布公示？	是	在网上公开。
是否允许外国公司参与PPP项目投标？	是	
是否设置投标最短截止期？	是	不少于21日。
是否设置不同的PPP项目采购程序？		设置包含资格预审的竞争性采购程序，如竞争性磋商或多阶段招标。
是否允许非自由裁量式的直接谈判？	否	
招标文件是否详细说明采购程序？	是	
招标文件是否明确资格预审和遴选标准？	是	
采购公告或采购文件中是否含问题澄清？	是	澄清问题在网上公开。
是否召开标前会议？	是	在网上公开。

续表

是否要求响应文件中包含财务模型?	否	
是否仅根据公开的标准评价响应文件?	是	
是否对仅一家机构提交响应文件的情况设置相应措施?	是	已设置详细措施。
是否对采购结果进行公示?	是	在网上公开。
是否提醒投标人PPP采购流程结果?	是	但不包含关于具体遴选依据的内容。
是否设置采购结果公示期?	是	10个工作日内进行公示,公示期不得少于5个工作日。
是否对与中选社会资本进行确认谈判设置限制条件?	是	
是否公示合同?	是	在网上公开。

合同管理　　　　　　　　　　　　　　　　　　　　　　　　　综合得分:76

是否有管理PPP合同执行的制度?	是	
是否有跟踪项目进展和完成情况的制度?	是	绩效信息在网上公开。
是否有PPP合同履约的监测和评估制度?	是	按既定标准评估绩效,对未完成的相应扣减付费。项目公司定期向实施机构提供绩效信息,并在网上公开。
是否允许外国企业汇回项目利润?	是	
是否对项目公司股权结构变化或PPP合同主体变更建立相应的监管办法?	否	
是否对PPP合同的变更或重新谈判进行监管?	是	需经政府部门批准,变更事项包括:风险分配变更、经济情况变更、项目期限变更、定价机制变更等。
是否对PPP合同期内可能出现的各类情况进行监管?	是	如不可抗力、重大负面政府行为、法律变更、再融资等。
是否建立争议解决机制?	是	如国内仲裁机构、国际仲裁机构、ISDS机制等。
债权人是否有介入权?	是	作为直接协议的一部分或在PPP合同中进行监管。
是否明确设置关于PPP合同提前终止的条款?	是	关于提前终止的依据和结果均有明文规定。

社会资本发起项目		综合得分：54
是否存在对社会资本发起项目的相关规定？		有明文规定。
是否对社会资本发起项目进行评估论证？	是	
是否对社会资本发起项目进行审核或预可行性分析？	否	
是否对社会资本发起项目与其他政府优先考虑的项目之间的一致性进行评估？	是	未出台详细监管措施。
是否对社会资本发起项目采取竞争性采购程序？	是	
社会资本发起项目是否设置投标最短截止期？	是	不得少于21日。

135个经济体得分情况汇总[1]

经济体	PPP项目准备	PPP项目采购	PPP合同管理	社会资本发起的项目
阿富汗	45	45	35	75
阿尔巴尼亚	67	80	58	75
阿尔及利亚	45	48	63	NR
安哥拉	35	50	56	NR
阿根廷（特许经营）	16	63	47	71
阿根廷（PPP）	27	56	74	79
亚美尼亚	47	77	12	0
澳大利亚	94	79	86	75
奥地利	68	77	53	NR
阿塞拜疆	16	38	32	NR
孟加拉国	51	66	39	83
白俄罗斯	75	53	60	58
比利时	39	79	50	NR
贝宁	36	53	45	67
波斯尼亚和黑塞哥维那	27	73	31	58
博茨瓦纳	65	66	63	EP
巴西（特许经营）	30	76	61	54
巴西（PPP）	47	80	76	54
保加利亚	43	84	54	67
布基纳法索	56	83	65	71
布隆迪	16	60	52	83
柬埔寨	14	13	64	33
喀麦隆	55	43	48	33
加拿大	90	76	61	NR
乍得	17	37	31	0

[1] 原书中对135个经济体在各专题领域的表现都做了具体而详细的介绍并打分，由于每个经济体情况不同，中文翻译很难做到准确，同时考虑到篇幅，这一部分浓缩为各经济体的打分情况表。欢迎感兴趣的读者通过英文原版报告查阅各经济体的具体情况。

续表

经济体	PPP项目准备	PPP项目采购	PPP合同管理	社会资本发起的项目
智利	67	72	87	92
中国	61	82	76	54
哥伦比亚	90	79	72	92
刚果（金）	43	35	50	NR
刚果（布）	24	44	41	0
哥斯达黎加（特许经营）	56	71	67	92
哥斯达黎加（PPP）	28	44	50	NR
科特迪瓦	51	56	48	50
克罗地亚	60	87	67	EP
捷克共和国	71	87	70	NR
丹麦	36	77	45	NR
吉布提	30	43	75	50
多米尼加共和国	42	82	38	58
厄瓜多尔	52	35	43	58
阿拉伯埃及共和国	71	72	71	NR
萨尔瓦多	42	67	90	79
厄立特里亚	42	28	22	NR
爱沙尼亚	34	87	34	NR
埃塞俄比亚	15	69	41	25
芬兰	46	73	47	NR
法国（特许经营）	43	86	49	NR
法国（PPP）	76	89	53	NR
加蓬	28	38	51	50
格鲁吉亚	41	57	33	NR
德国	86	74	69	EP
加纳	56	61	44	50
希腊	58	91	59	NR
危地马拉	55	78	68	NR

续表

经济体	PPP项目准备	PPP项目采购	PPP合同管理	社会资本发起的项目
几内亚	50	61	52	13
海地	50	59	54	17
洪都拉斯	56	53	66	58
匈牙利	13	91	58	NR
印度	82	72	80	EP
印度尼西亚	63	74	58	58
伊拉克	11	42	42	8
爱尔兰	88	78	70	NR
意大利	77	86	76	83
牙买加	71	59	44	83
日本	78	70	75	42
约旦	42	68	60	54
哈萨克斯坦	59	51	59	58
肯尼亚	71	75	59	50
大韩民国	65	66	66	75
科索沃	34	75	57	NR
科威特	72	71	68	83
吉尔吉斯斯坦	33	40	49	50
老挝	24	37	26	NR
拉脱维亚	72	72	66	NR
黎巴嫩	8	28	30	NR
立陶宛	92	95	70	58
马其顿王国	67	83	52	NR
马达加斯加	45	59	85	67
马拉维	49	38	27	50
马来西亚	50	42	33	38
马里	68	62	70	67
毛里求斯（特许经营）	41	51	66	NR

续表

经济体	PPP项目准备	PPP项目采购	PPP合同管理	社会资本发起的项目
毛里求斯（PPP）	63	69	50	75
墨西哥	81	82	84	75
摩尔多瓦	48	62	49	0
蒙古国	24	42	60	75
黑山	39	64	45	50
摩洛哥	49	62	63	67
莫桑比克	46	64	56	33
缅甸	11	37	27	8
尼泊尔	44	68	59	50
荷兰	81	80	75	58
新西兰	82	67	63	58
尼加拉瓜	30	73	68	92
尼日尔（特许经营）	15	49	14	NR
尼日尔（PPP）	60	43	52	54
尼日利亚	27	71	53	67
巴基斯坦	67	66	37	42
巴拿马	32	72	56	29
巴布亚新几内亚	15	7	9	33
巴拉圭	89	80	83	79
秘鲁	81	66	78	100
菲律宾	85	76	88	83
波兰	65	87	54	NR
葡萄牙	67	81	78	NR
卡塔尔	31	55	28	NR
罗马尼亚	43	77	59	NR
俄罗斯联邦（特许经营）	34	63	78	58
俄罗斯联邦（PPP）	31	67	63	54
卢旺达	48	51	39	42

续表

经济体	PPP项目准备	PPP项目采购	PPP合同管理	社会资本发起的项目
沙特阿拉伯	34	71	33	NR
塞内加尔（特许经营）	24	47	42	75
塞内加尔（PPP）	31	62	55	42
塞尔维亚	72	80	65	67
塞拉利昂	41	68	49	71
新加坡	60	76	62	NR
斯洛伐克共和国	86	94	55	NR
斯洛文尼亚	48	81	45	83
所罗门群岛	28	54	14	NR
索马里	15	66	21	0
南非	79	73	79	67
西班牙	61	87	70	54
斯里兰卡	52	76	51	92
苏丹	17	33	45	NR
瑞典	32	65	34	NR
瑞士	51	56	10	NR
塔吉克斯坦	23	51	52	67
坦桑尼亚	50	68	46	75
泰国	27	45	58	NR
东帝汶	33	64	45	50
多哥（特许经营）	23	64	58	33
多哥（PPP）	22	16	52	25
汤加	21	70	12	NR
特立尼达和多巴哥	20	41	31	13
突尼斯	42	59	71	83
土耳其	60	58	65	NR
乌干达	71	48	68	67
乌克兰	78	57	42	75

续表

经济体	PPP项目准备	PPP项目采购	PPP合同管理	社会资本发起的项目
阿拉伯联合酋长国	67	60	52	42
英国	96	86	71	NR
美国	79	74	57	100
乌拉圭	77	73	68	71
越南	77	77	62	25
赞比亚	49	57	63	83
津巴布韦	31	46	30	42

注：（1）经济体翻译参照世界银行集团，详见：https://data.worldbank.org.cn/country。（2）NR是"Not regulated and do not happen in practice"的缩写，指未进行监管且实践中无此类情况。（3）EP是"Expressly prohibited"的缩写，即明令禁止。

附录1

评分方法

专题领域	评分内容	评分标准
PPP项目准备	财政部或中央预算当局在采购过程开始前批准PPP项目。	如果是根据监管规定，得1分。 如果是根据公认的实践，得0.5分。
	在签署合同之前，需要财政部或中央预算单位第二次批准。	如果是根据监管规定，得1分。 如果是根据公认的实践，得0.5分。
	PPP的财务处理（PPP的预算、会计和/或报告处理）。[+]	如果根据监管规定，有专门的PPP预算处理，得0.5分。 如果是根据公认的实践，得0.25分。 如果根据监管规定，有专门的PPP会计和/或报告处理，得0.5分。 如果是根据公认的实践，得0.25分。
	将PPP项目与所有其他公共投资项目进行优先排序（例如，在国家公共投资制度的背景下），以确保PPP项目与其他公共投资优先事项保持一致。[a]	如果监管框架中规定了详尽的程序，得1分。 如果投资一致性只是一项一般原则要求，得0.5分。 如果是根据公认的实践，得0.25分。
	经济社会分析（项目经济社会影响的成本—收益分析）	如果要求进行分析并制定了专门的方法，得1分。 如果要求进行分析但没有制定专门的方法，得0.5分。 如果是根据公认的实践进行，但没有制定专门的方法，得0.25分。
	财政可承受评估，包括识别所需的长期公共承诺（明示或默示）。[a]	如果要求进行评估并且制定了专门的方法，得1分。 如果要求进行评估但没有制定专门的方法，得0.5分。 如果根据公认的实践进行，但没有制定专门的方法，得0.25分。
	风险识别、分配和评估（风险矩阵）。[a]	如果要求进行并且制定了专门的方法，得1分。 如果要求进行但没有制定专门的方法，得0.5分。 如果根据公认的实践进行，但没有制定专门的方法，得0.25分。
	进行比较评价，以评估与其他采购策略相比，PPP是否最佳的选项（物有所值评价，公共部门比较值）。[a]	如果要求进行并且制定了专门的方法，得1分。 如果要求进行但没有制定专门的方法，得0.5分。 如果根据公认的实践进行，但没有制定专门的方法，得0.25分。
	财务可行性或可融资性评估。	如果要求进行并且制定了专门的方法，得1分。 如果要求进行但没有制定专门的方法，得0.5分。 如果根据公认的实践进行，但没有制定专门的方法，得0.25分。

续表

专题领域	评分内容	评分标准
PPP项目准备	市场测试和/或评估（提出投资者对项目市场感兴趣的证据）。a	如果要求进行并且制定了专门的方法，得1分。如果要求进行但没有制定专门的方法，得0.5分。如果根据公认的实践进行但没有制定专门的方法，得0.25分。
	环境影响评估。a+	如果要求进行并且制定了专门的方法，得1分。如果要求进行但没有制定专门的方法，得0.5分。如果根据公认的实践进行但没有制定专门的方法，得0.25分。
	包含在征求建议书和/或招标文件中的评估。+	如果根据监管规定，得1分。如果根据公认的实践，得0.5分。
	在线公布评估。b+	如果是根据监管规定，得1分。如果是根据公认的实践，得0.5分。
	征求建议书中包括PPP合同草案。	如果是根据监管规定，得1分。如果是根据公认的实践，得0.5分。
	在线公布招标文件。b+	如果是根据监管规定，得1分。如果是根据公认的实践，得0.5分。
	PPP示范合同标准化和/或交易文件标准化。	如果是，得1分。
PPP项目采购	评标委员会成员必须满足特定资质要求。	如果监管框架中详细规定了资质要求，得1分。如果只要求有资质限制，未规定具体细节，得0.5分。如果是根据公认的实践，得0.25分。
	采购部门发布PPP公共采购通知。	如果是根据监管要求，得1分。如果是根据公认的实践，得0.5分。
	PPP公共采购通知在线公布。b	如果是，得1分。
	允许外国公司参与PPP投标过程。+	如果不禁止，得1分。如果禁止外国公司参与PPP投标过程，得0分。
	采购部门规定潜在投标者递交其标书的最短期间。	如果是根据监管要求，得1分。如果是根据公认的实践，得0.5分。
	法律规定最短期间的日历日数。	如果法律规定的最短期间至少为60天，得1分。如果法律规定的最短期间至少为30天，得0.5分。
	在采购PPP时候，有采购程序。+	如果有开放程序（一阶段招标），得0.33分。如果有限制程序（有预选阶段的竞争性程序），得0.33分。如果有竞争性对话或多阶段招标（在预选程序之外），得0.33分。
	与一个或多个候选人直接谈判。+	如果采购部门完全有自由裁量权采取此程序，得1分。
	招标文件规定了招标过程的程序，给所有投标者提供同样的信息。	如果是根据监管规定，得1分。如果是根据公认的实践，得0.5分。

续表

专题领域	评分内容	评分标准
PPP项目采购	招标文件规定预选/筛选标准,以便使所有的投标者均能知晓(如果适用预选/筛选标准的话)。[a]	如果是根据监管规定,得1分。 如果是根据公认的实践,得0.5分。
	尽管涉及保密信息,采购部门会向所有潜在投标者披露问题与澄清。[a]	如果是根据监管规定,得1分。 如果是根据公认的实践,得0.5分。
	除了问题和澄清外,采购部门可以召开标前会议。[+]	如果是根据监管规定,得1分。 如果是根据公认的实践,得0.5分。
	尽管涉及保密信息,采购部门会向所有投标者公开标前会议的内容和结果。[a]	如果是根据监管规定,得1分。 如果是根据公认的实践,得0.5分。
	采购部门要求投标者在其建议中准备并说明财务模型。	如果是根据监管规定,得1分。 如果是根据公认的实践,得0.5分。
	采购部门严格并且仅按照招标文件中的所载评价标准评价投标。	如果是根据监管规定,得1分。 如果是根据公认的实践,得0.5分。
	当仅有一份标书投标(单一投标)时,采购部门在授予PPP前要遵循专门的程序。	如果在监管框架中详细规定了专门的程序,得1分。 如果根据监管规定,只要单一投标满足招标文件中列出的条件,即为有效,得0.5分。 如果根据公认的实践,只要单一投标满足招标文件中列出的条件,即为有效,得0.25分。
	采购部门公布授予通知。	如果是根据监管规定,得1分。 如果是根据公认的实践,得0.5分。
	在线公布公共采购授予通知。	如果是,得1分。
	采购部门向所有投标人提供PPP采购过程的结果。	如果是根据监管规定,得1分。 如果是根据公认的实践,得0.5分。
	PPP采购过程结果的通知中国包括选定中标者的理由。	如果是根据监管规定,得1分。 如果是根据公认的实践,得0.5分。
	在合同授予和合同签署之间有一段暂停期,以便使未中标的投标者能对授予决定提出异议。[+]	如果有暂停期,得1分。 如果是根据公认的实践,得0.5分。
	暂停期最少为10天。	如果是,得1分。
	暂停期规定在授予意向通知中。	如果有暂停期,得1分。 如果是根据公认的实践,得0.5分。
	监管框架限制在合同授予和PPP合同签署之间与选定的中标者进行谈判。[a]	如果是根据监管规定,得1分。 如果是根据公认的实践,得0.5分。
	采购部门公布PPP合同。	如果是根据监管规定,得1分。 如果是根据公认的实践,得0.5分。
	在线公布PPP合同。[b]	如果是,得1分。
	采购部门还公布对PPP合同所做的后续修改。[+]	如果公布修改,得1分。 如果是根据公认的实践,得0.5分。

续表

专题领域	评分内容	评分标准
PPP合同管理	采购部门或合同管理部门建立管理PPP合同执行的制度。	如果是根据监管规定，得1分。 如果是根据公认的实践，得0.5分。
	有PPP管理工具。	如果监管规定中要求建立PPP合同团队，得0.2分。 如果建立PPP合同团队是一种公认的实践，得0.1分。 如果监管规定中要求PPP合同管理团队的成员应参加PPP采购过程，得0.2分。 如果此种参与是一种公认的实践，得0.1分。 如果监管规定中包括了对PPP执行手册或类似文件的阐明，得0.2分。 如果此类手册或类似文件是以公认的实践的方式加以阐明的，得0.1分。 如果监管规定中要求建立风险减缓机制，得0.2分。 如果建立这种机制是一种公认的实践，得0.1分。 如果监管规定中要求制订人员培训计划，得0.2分。 如果这种人员培训计划是一种公认的实践，得0.1分。
	要求PPP合同管理团队的成员符合一定的资质条件。[+]	如果在监管框架中详细规定了具体的资质条件，得1分。 如果要求有资质条件，但没有具体细节，得0.5分。 如果是根据公认的实践，得0.25分。
	采购部门或合同管理部门建立根据PPP合同进行的建设工程的追踪程序和竣工制度。	如果是根据监管规定，得1分。 如果是根据公认的实践，得0.5分。
	采购部门或合同管理部门向公众披露PPP建设信息。	如果监管规定强制将PPP信息向公众披露，得1分。 如果向公众披露此类信息是一种公认的实践，得0.5分。
	可以在线查询PPP建设绩效信息。[b]	如果是，1分。
	采购部门或合同管理部门建立工程完工后PPP合同执行的监测和评价制度。	如果是根据监管规定，得1分。 如果是根据公认的实践，得0.5分。
	包含在PPP合同监测与评价制度中的机制。	如果监管框架要求按投标文件和合同中规定的评估标准进行绩效评估，得0.2分。[+] 如果按照既定标准进行评估是一种公认的实践，得0.1分。[+] 如果监管框架确立了在不履行运营义务时减少付费的可能性，得0.2分。[+] 如果不履行运营义务减少付费是一种公认的实践，得0.1分。[+]

续表

专题领域	评分内容	评分标准
PPP合同管理	包含在PPP合同监测与评价制度中的机制。	如果监管规定强制要求社会资本方定期提供运营和财务数据，得0.2分。 如果提供此类数据是一种公认的实践，得0.1分。 如果监管规定强制要求采购部门或合同管理部门定期搜集PPP合同履行的信息，得0.2分。 如果定期搜集信息是一种公认的实践，得0.1分。 如果监管规定强制要求向公众提供PPP合同履行的信息，得0.2分。 如果向公众提供PPP合同履行的信息是一种公认的实践，得0.1分。
	可以在线查询PPP合同履行信息。[b]	如果是，得1分。
	禁止外国公司将从PPP合同运营中所得的收入汇回本国。[+]	如果没有禁止，得1分。 如果禁止外国公司将从PPP合同运营中所得的收入汇回本国，得0分。
	监管框架（包括标准合同条款）明确监管社会资本伙伴的结构（利益相关者构成）变化和/或PPP合同转让。	如果是根据监管规定，得1分。 如果是根据公认的实践，得0.5分。
	监管框架（包括标准合同条款）专门监管社会资本方结构（利益相关者构成）变化和/或PPP合同转让后的有关情形。	如果对社会资本方的任何变化，在其发生初期（建设期或运营期的前五年）即进行规制，得0.5分。 如果变化影响到控股权益，则要求后续运营者达到与原初运营者同样的技术资质，得0.5分。
	监管框架（包括标准合同条款）明确监管PPP合同（一经签署后）的修改或重新谈判。	如果是根据监管规定，得1分。 如果是根据公认的实践，得0.5分。
	PPP合同修改需要采购部门之外的政府部门批准。[+]	如果是根据监管规定，得1分。 如实是根据公认的实践，得0.5分。
	监管框架专门监管与PPP合同修改或重新谈判有关的后续问题。	如果改变明确监管改变合同范围和/或合同目标的话，得0.2分；如果监管是一种公认的实践，得0.1分。 如果明确监管改变合同风险分配的话，得0.2分；如果监管是一种公认的实践，得0.1分。 如果明确监管投资计划或合同期的改变，得0.2分；如果监管是一种公认的实践，得0.1分。 如果明确监管合同财务和/或经济平衡的改变，得0.2分；如果监管是一种公认的实践，得0.1分。 如果明确监管共同同意的价格或收费的改变，得0.2分；如果监管是一种公认的实践，得0.1分。[+]
	采购部门能单方修改PPP合同。[+]	如果不能进行未经采购部门之外的其他政府机构批准的采购部门单方修改，得1分。

97

续表

专题领域	评分内容	评分标准
PPP合同管理	监管框架(包括标准合同条款)明确监管PPP生命周期中的各种情况。	如果明确监管不可抗力的,得0.2分;如果是根据公认的实践,得0.1分。 如果明确监管重大政府不利行为,得0.2分;如果是根据公认的实践,得0.1分。 如果明确监管法律变化,得0.2分;如果是根据公认的实践,得0.1分。 如果明确监管再融资,得0.2分;如果是根据公认的实践,得0.1分。 如果明确监管转包,得0.2分;如果是根据公认的实践,得0.1分。
	监管框架(包括标准合同条款)中有行政性和/或合同性的投诉机制,处理PPP合同执行当中产生的争议。+	如果是根据监管规定,得1分。 如果是根据公认的实践,得0.5分。
	对因PPP合同执行产生的争端有解决机制。+	如果有当地行政审查机关,得0.25分。 如果有国内仲裁,得0.25分。 如果有国际仲裁,得0.25分。 如果有"投资者—国家争端解决"机制,得0.25分。
	监管框架(包括标准合同条款)允许在社会资本方违约或PPP合同因不能履行服务义务而面临终止威胁时,贷款人享有介入权。	如果是根据监管规定,得1分。 如果是根据公认的实践,得0.5分。
	监管贷款人的介入权。	如果是根据监管规定,得1分。 如果在合同中明确要求进行监管,得0.5分;如果是根据公认的实践,得0.25分。 如果明确要求与贷款人直接签订协议,得0.5分;如果是根据公认的实践,得0.25分。
	监管框架(包括标准合同条款)明确规定终止PPP合同的理由。	如果是根据监管规定,得1分。 如果是根据公认的实践,得0.5分。
	监管框架(包括标准合同条款)也规定了终止PPP合同的结果。	如果是根据监管规定,得1分。 如果是根据公认的实践,得0.5分。
社会资本发起的项目	监管框架禁止社会资本发起项目(因此也不需要监管)	如果明确宣称不予监管且不在实践中使用,以及明确禁止的话,不得分。
	采购部门对社会资本发起的项目进行评估。	如果是根据监管规定,得1分。 如果是根据公认的实践,得0.5分。
	采购部门在全面评估社会资本发起的项目之前,进行筛选程序或预可行性研究。+	如果有筛选程序,得1分。 如果是根据公认的实践,得0.5分。

续表

专题领域	评分内容	评分标准
社会资本发起的项目	评估要确保社会资本发起的项目与现有的政府优先事项保持一致。	如果监管框架中有详细的专门程序，得1分。 如果监管框架中设定了此类目标，但没有规定达到目标的具体程序，得0.5分。 如果是根据公认的实践，得0.25分。
	采购部门实施社会资本发起的项目时，使用竞争性的PPP采购程序。	如果是根据监管规定，得1分。 如果是根据公认的实践，得0.5分。
	采购部门给（除发起者之外的）其他潜在投标者准备其投标的最短时限。	如果是根据监管规定，得1分。 如果是根据公认的实践，得0.5分。
	法定最短时限的日历日数。	如果法定最短时限为至少90个日历日，得1分。 如果法定最短时限为至少60个日历日，得0.5分。

注：a根据受访者的观点，如果监管要求在实践中得到尊重，额外得1分。b如果根据受访者的观点，在被评估的PPP框架中，尚未有过开发的项目，则不对与在线公开有关的问题进行评分。+《基础设施PPP采购报告2018》引入的新问题或重新加以表述的问题。

附录 2

《基础设施PPP采购报告2018》中引入的改变

《基础设施PPP采购报告2018》仍在改进其方法。与上年的《2017 PPP采购标杆管理》相比，调查问卷的范围发生了重大变化。本报告增加了新的问题，并对其他几个问题重新进行了表述。

调查中的这些变化意味着本报告各主题领域的综合得分和2017版的不具有可比性。因此，对得分的变化应谨慎解读，因为它们可能与监管改革无关，仅仅受评估范围变化（以及对2017年版本的细微修正）的影响。

本报告中重新表述或新加的问题在附录1中标有"+"号。各主题领域得分的主要变化如下：

PPP项目准备阶段：PPP的预算管理；PPP的会计和/或财务报表；环境影响评价和方法；建议邀请书或招标文件是否包含这些评估；在线公布评估；在线发布招标文件。

PPP项目采购阶段：禁止外国公司投标（负面评分）；采购程序；可以进行自由裁量式的直接谈判（负面评分）；标前会议及信息披露；暂停期以及在合同授予通知中公布暂停期的信息。

PPP项目合同管理：合同管理团队的资质；跟踪项目进展和完成情况的制度；向公共提供建设信息，并且在线提供；关于监管和评估的两个新的子问题（有关绩效标准和付费）扣减；禁止外国企业将收入返回国外（负面评分）；在重新谈判时由其他政府部门批准；关于对重新谈判的具体监管的两个子问题（经济平衡和付费标准变化）；单方面修改合同（如果不需要其他政府机构批准重新谈判，则为负分）；在与合同情况（再融资和分包）有关的问题中新的子问题；各种争议解决机制的可行性（此问题重新表述）。

社会资本发起的项目：筛选/预可行性分析。

附录3

《基础设施PPP采购报告2018》中的透明度评分

考虑到PPP全生命周期中透明度的重要性,本调查表中包含了几个问题,用来评估各经济体在准备、采购和合同管理阶段向公共披露信息时是否遵守国际良好实践。

在本报告中,透明度分数是通过将调查中三个主题领域(准备、采购和合同管理)中与透明度和在线公布有关的调查问题的得分进行加总整理获得。分数范围为0~100,我们认为评分最高的经济体遵守了关于披露的国际良好实践。

与透明度间接相关的概念,包括调查中的其他几个问题也与其他形式的透明度有关,特别是有几个问题提到了向投标者提供信息的过程的透明度和公正性。这些问题并未包含在透明度评分中。

在计算透明度分数时,会对以下问题进行评估并打分:

透明度评分方法

专题领域	评分内容	评分标准
PPP项目准备	在线公布评价结果。[a]	如果是根据监管规定，得1分；如果是根据公认的实践，得0.5分。
	在线公布招标文件。[a]	如果是根据监管规定，得1分；如果是根据公认的实践，得0.5分。
	制定PPP标准合同和/或标准交易文件。	如果是，得1分。
PPP项目采购	采购部门公开PPP采购公告。	如果是根据监管规定，得1分；如果是根据公认的实践，得0.5分。
	PPP采购公告在网上公开。	如果是，得1分。
	采购部门公开中标通知。	如果是根据监管规定，得1分；如果是根据公认的实践，得0.5分。
	中标通知在网上公开。[a]	如果是，得1分。
	采购部门公开PPP合同。	如果是根据监管规定，得1分；如果是根据公认的实践，得0.5分。
	PPP合同在网上公开。[a]	如果是，得1分。
	采购部门也公布对PPP合同的任何后续修订。	如果是根据监管规定，得1分；如果是根据公认的实践，得0.5分。
PPP合同管理	采购部门或合同管理部门向公众公布PPP建设信息。	如果是根据监管规定，得1分；如果是根据公认的实践，得0.5分。
	PPP建设信息在网上公开。[a]	如果是，得1分。
	采购部门或合同管理部门向公众公开PPP合同履约信息。	如果是根据监管规定，得0.2分；如果是根据公认的实践，得0.1分。
	PPP合同履约信息在网上公开。[a]	如果是，得1分。

注：a 凡涉及在网上公开信息的问题，如果根据受访者的观点，在被评估的PPP制度中尚未有实际开发项目的，不评分。

参考文献和书目

参考文献

Cruz, Carlos Oliveira, and Rui Cunha Marques. 2013. *Infrastructure Public-Private Partnerships: Decision, Management and Development.* Springer-Verlag Berlin Heidelberg.

EPEC (European PPP Expertise Centre). 2011. *The Guide to Guidance: How to Prepare, Procure, and Deliver PPP Projects.* Luxemburg: European Investment Bank, European PPP Expertise Centre.

Guasch, José Luis. 2004. *Granting and Renegotiating Infrastructure Concessions: Doing It Right.* Washington, DC: World Bank.

Hodges, John T., and Georgina Dellacha. 2007. "Unsolicited Infrastructure Proposals: How Some Countries Introduce Competition and Transparency." PPIAF Working Paper, World Bank, Washington, DC.

Leviakangas, Pekka, Lauri Ojala, and Juuso Toyli. 2016. "An Integrated Ecosystem Model for Understanding Infrastructure PPPs." *Utilities Policy* 42 (October): 10–19.

Moszoro, M., G. Araya, F. Ruiz-Nuñez, and J. Schwartz. 2014. "Institutional and Political Determinants of Private Participation in Infrastructure." In *Public Private Partnerships for Transport Infrastructure: Renegotiations, How to Approach Them and Economic Outcomes.* International Transport Forum at the Organization for Economic Co-Operation and Development (OECD) Discussion Paper No 2014-25.

Mouraviev, Nikolai, and Nada K. Kakabadse. 2015. "Legal and Regulatory Barriers to Effective Public-Private Partnership Governance in Kazakhstan." *International Journal of Public Sector Management* 28 (3): 181–97.

Trebilcock, Michael, and Michael Rosenstock. 2015. "Infrastructure Public-Private Partnerships in the Developing World: Lessons from Recent Experience." *Journal of Development Studies* 51 (4): 335–54.

World Bank. 2017a. PPP Reference Guide 3.0. https://ppp.worldbank.org/public-private-partnership/library/ppp-reference-guide-3-0.

———. 2017b. *Policy Guidelines for Managing Unsolicited Proposals in Infrastructure Projects*, Volume 1. Washington, DC: World Bank.

———. 2017c. *Policy Guidelines for Managing Unsolicited Proposals in Infrastructure Projects*, Volume 3. Washington, DC: World Bank.

Zverev, Alexie. No date. "The Legal Framework for Public-Private Partnerships (PPPs) and Concessions in Transition Countries: Evolution and Trends." *EBRD: Law in Transition Online*, 1–8.

参考书目

Calderón, César, and Luis Servén. 2004. "The Effects of Infrastructure Development on Growth and Income Distribution." Policy Research Working Paper 3400, World Bank, Washington, DC.

———. 2008. "Infrastructure and Economic Development in Sub-Saharan Africa." Policy Research Working Paper 4712, World Bank, Washington, DC.

———. 2010. "Infrastructure in Latin America." Policy Research Working Paper 5317, World Bank, Washington, DC.

Delmon, Jeffrey. 2011. *Public-Private Partnership Projects in Infrastructure: An Essential Guide for Policy Makers*. Cambridge, United Kingdom, and New York: Cambridge University Press.

Estache, Antonio, and Stéphane Saussier. 2014. "Public-Private Partnerships and Efficiency: A Short Assessment." *DICE Report* 12 (3): 8–13.

Farquharson, Edward, Clemencia Torres De Mästle, and E. R. Yescombe, with Javier Encinas. 2011. *How to Engage with the Private Sector in Public-Private Partnerships in Emerging Markets*. Washington, DC: Public-Private Investment Advisory Facility (PPIAF) and World Bank.

Forrer, J., J. E. Kee, K. E. Newcomer, and E. Boyer. 2010. "Public-Private Partnerships and the Public Accountability Question." *Public Administration Review* 70 (3): 475–84.

Grimsey, Darrin, and Mervyn Lewis. 2007. "Public Private Partnerships and Public Procurement," *Agenda* 14 (2): 171–88.

ICC (Investment Coordination Committee). 2014. "Note on the Generic Preferred Risk Allocation Matrix (GPRAM)." National Economic and Development Authority, Manila. http://www.neda.gov.ph/wp-content/uploads/2015/01/Generic-Preferred-Risk-Allocation-Matrix.pdf.

KPMG. 2010. *PPP Procurement: Review of Barriers to Competition and Efficiency in the Procurement of PPP Projects*. Canberra: KPMG.

OECD (Organisation for Economic Co-operation and Development). 2010. *Dedicated Public-Private Partnership Units: A Survey of Institutional and Governance Structures*. Paris: OECD.

———. 2012. "Recommendation of the Council on Principles for Public Governance of Public-Private Partnerships." Public Governance Committee, Paris. http://acts.oecd.org/Instruments/ShowInstrumentView.aspx?InstrumentID=275&Lang=en&Book=False.

Project Management Institute. 2001. *A Guide to the Project Management Body of Knowledge (PMBOK Guide)*. 4th ed. Newtown Square, PA: Project Management Institute.

Rajaram, Anand, Tuan Minh Le, Kai Kaiser, Jay-Hyung Kim, and Jonas Frank. 2014. "Public Investment Management for Public-Private Partnerships." Chapter 7 in *The Power of Public Investment Management: Transforming Resources into Assets for Growth*. Washington, DC: World Bank Group.

Reeves, Eoin, Dónal Palcic, and Darragh Flannery. 2013. "Are We There Yet? The Length of the Tendering Period under PPP in Ireland." Department of Economics Working Paper WP012013, University of Limerick, Limerick, Ireland.

Regan, M. 2013. "Public Project Procurement and the Case for Public-Private Partnerships." In *Globalisation, the Global Financial Crisis and the State*, edited by J. Farrar and D. Mayes, 172–96. Cheltenham, United Kingdom: Edward Elgar Publishing Limited.

Shendy, Riham. 2014. "Implementing a Framework for Managing Fiscal Commitments from Public Private Partnerships: Operational Note." Working Paper 84382, World Bank, Washington, DC.

Straub, Stéphane. 2008. "Infrastructure and Growth in Developing Countries." Policy Research Working Paper 4460, World Bank, Washington, DC.

UNECE (United Nations Economic Commission for Europe). 2008. *Guidebook on Promoting Good Governance in Public-Private Partnerships*. Geneva: UNECE.

UNCITRAL (United Nations Commission on International Trade Law). 2001. *UNCITRAL Legislative Guide on Privately Financed Infrastructure Projects*. New York: United Nations. https://www.uncitral.org/pdf/english/texts/procurem/pfip/guide/pfip-e.pdf.

———. 2004. *Model Legislative Provisions on Privately Financed Infrastructure Projects*. New York: United Nations.

Uruguay, OPP (Office of Planning and Budget). 2014. "Guía para la formulación y evaluación de proyectos de inversión: Sistema nacional de inversión pública" ("Guide for the Design and Evaluation of Investment Projects: National Public Investment System"). Montevideo, Uruguay. http://www.opp.gub.uy/images/guia_snip.pdf.

World Bank. 2009. "Attracting Investors to African Public Private Partnerships. A Project Preparation Guide." Washington, DC.

———. 2010. "Guidelines: Procurement under IBRD Loans and IDA Credits." Washington, DC. http://siteresources.worldbank.org/INTPROCUREMENT/Resources/ProcGuid-10-06-RevMay10-ev2.doc

———. 2011. "Guidelines: Procurement of Goods, Works, and Non-Consulting Services under IBRD Loans and IDA Credits and Grants by World Bank Borrowers." Washington, DC.

———. 2012. "Unsolicited Proposals." PPIAF Note 6, Public Private Infrastructure Advisory Facility, Washington, DC. http://www.ppiaf.org/sites/ppiaf.org/files/documents/Note-Six-Unsolicited-Proposals.pdf.

———. 2013. *Disclosure of Project and Contract Information in Public-Private Partnerships*. Washington, DC: World Bank.

———. 2014a. "Overcoming Constraints to the Financing of Infrastructure. Success Stories and Lessons Learned. Country, Sector and Project Examples of Overcoming Constraints to the Financing of Infrastructure." Prepared by the staff of the World Bank Group for the G20 Investment and Infrastructure Working Group.

———. 2014b. "A Checklist for Public-Private Partnerships." Prepared by the staff of the World Bank Group for the G20 Investment and Infrastructure Working Group.

World Bank Group and PPIAF (Public Private Infrastructure Advisory Facility). 2016. *The State of PPPs: Infrastructure Public-Private Partnerships in Emerging Markets & Developing Economies 1991–2015*. Washington, DC.

Yescombe, E. R. 2013. "PPPs and Project Finance." In *The Routledge Companion to Public-Private Partnerships*, edited by Piet de Vries and Etienne B. Yehoue, 227–46. Abingdon, United Kingdom, and New York: Routledge.

Yong, H. Kim, ed. 2010. *Public-Private Partnerships Policy and Practice: A Reference Guide*. London: Commonwealth Secretariat.

后　记

本书是财政部政府和社会资本合作（PPP）中心与世界银行集团合作成果之一，由财政部PPP中心焦小平、韩斌、谢飞、夏颖哲、李文杰、王浩添、李明聪、杜晓霏、谢方舟、陈阳、王雨诗、赵芙卿、孙晨、高欣然翻译校对。同时也受到了中央财经大学政府和社会资本合作（PPP）治理研究院曹富国教授和张小平教授的指导。复旦大学宋明慧、中央财经大学夏子涵和哥伦比亚大学刘韵飞也有贡献。

世界银行集团劳伦斯·卡特（Laurence Carter）先生和李莉女士在本书出版过程中提供了大力支持。在此一并表示感谢。

财政部政府和社会资本合作中心
2019年1月

Copyright © 2018 by International Bank for Reconstruction and Development / The World Bank

This work was originally published by The World Bank in English as *Procuring Infrastructure Public-Private Partnerships Report 2018*: *Assessing Government Capability to Prepare*, *Procure, and Manage PPPs* in 2018. This Chinese translation was arranged by Economic Science Press. Economic Science Press is responsible the quality of the translation. In case of any discrepancies, the original language will govern.

The findings, interpretations, and conclusions expressed in this work do not necessarily reflect the views of The World Bank, its Board of Executive Directors, or the governments they represent.

The World Bank does not guarantee the accuracy of the data included in this work. The boundaries, colors, denominations, and other information shown on any map in this work do not imply any judgment on the part of The World Bank concerning the legal status of any territory or the endorsement or acceptance of such boundaries.

© 2019年，版权所有
国际复兴开发银行/世界银行

本书原版由世界银行于2018年以英文出版，书名为*Procuring Infrastructure Public-Private Partnerships Report 2018*: *Assessing Government Capability to Prepare*, *Procure, and Manage PPPs*。中文版由经济科学出版社安排翻译并对译文的质量负责。中文版与英文版在内容上如有任何差异，以英文版为准。

本书所阐述的任何研究成果、诠释和结论未必反映世界银行、其执行董事会及其所代表的政府的观点。

世界银行不保证本书所包含的数据的准确性。本书所附地图的疆界、颜色、名称及其他信息，并不表示世界银行对任何领土的法律地位的判断，也不意味着对这些疆界的认可或接受。